마흔에 읽는
비트겐슈타인

마흔에 읽는 비트겐슈타인

20세기 천재 철학자의 인생 수업

임재성 **지음**

유노
북스

인생의 중간 지점에서
비트겐슈타인을 만난다는 것

　사람은 생이 시작되고 끝날 때까지 다른 사람의 영향을 받지 않는 때가 없다. 특히 생의 전반부에는 외부에서 주어지는 양분과 기준으로 인생을 만들어 간다. 10대에는 부모, 학교, 친구의 기준을 배우는 시간을 보냈다. 이때 만들어진 기준으로 20대에는 타인의 기준에 맞추는 시간을 보냈다. 사회에서 인정받는 경로를 따라가며 이력서에 적힐 문장에 집중했다. 30대에는 직장에서의 승진, 결혼, 내 집 마련 같은 조건을 두고 자신과 타인의 기준을 비교하며 시간을 보냈다.

　비슷비슷해 보이는 이런 인생 마라톤에서 누군가는 남들보다 이른 나이에 자기 삶을 주체적으로 살기 시작한다. 하지만 다른 누군가는 남들보다 늦은 나이에 '이건 내가 원하는 인생이 아니었구나' 하고 깨닫는다. 인생을 후회하는 사람은 나보다 남이 결정한 인생을 살았기 때문일 것이다. 그런데 중요한 것은 '남이 만들어 주는 인생'이 끝나는 시점은 정해져 있지 않다는 것이다. 그 시점은 바로 내가 나에게 이 본질적인 질문을 시작할 때다.

'내가 정말 원하는 삶은 무엇인가?'

마흔, 이제는 타인이 만드는 인생이 아닌 자신이 만드는 인생을 살아야 한다. 그리고 자신이 원하는 삶에 대해 답해야 한다. 자기 자신과 정직하게 마주해 보라. 지금까지는 내면을 들여다볼 시간도, 여유도 없었다. 설령 기회가 있었다 해도 대부분은 피상적인 자기 탐색에 그쳤을 뿐이다. 하지만 마흔부터는 인생의 유한함을 진지하게 실감하며 남은 시간을 어떻게 써야 할지 고민해야 한다.

넘쳐 나는 정보, 빠르게 변화하는 트렌드, SNS의 과시 문화 속에서 우리는 본질을 보는 시선을 잃어버리고 혼란스러워지기 쉽다. 마흔은 이런 소음 속에서 진정으로 중요한 것이 무엇인지 분별하는 힘을 기르는 시기다. 단단한 내면은 하루아침에 만들어지지 않는다. 마흔의 자기 성찰은 때로는 고통스럽지만 결국 우리를 진정한 자유로 이끈다. 외부의 영향과 기준에서 벗어나 내가 나에게 양분과 기준을 줄 수 있을 때, 비로소 자신의 길을 갈 수 있다.

여기, 마흔의 문턱에서 자신이 세운 철학의 기둥을 무너뜨리고 새로운 길을 걸은 철학자가 있다. 철학사의 이단아이자 전설적인 천재 철학자, 비트겐슈타인이다.

20세기 천재 철학자
비트겐슈타인은 누구인가?

루트비히 비트겐슈타인(Ludwig Wittgenstein, 1889~1951)은 20세기 철학의 흐름을 바꾼 인물이다. 1999년, 〈타임〉이 선정한 '20세기 가장 영향력 있는 100인' 중 철학자로는 유일하게 이름을 올렸다. 오스트리아 철강 재벌 가문에서 태어난 비트겐슈타인은 경제적 풍요 속에서 성장했다. 하지만 부와 명예가 삶의 본질이 아님을 깨닫고 모든 재산을 포기했다. 상속받은 유산을 형제와 예술가들에게 주고 오로지 지적 탐구에 몰두했다.

그는 공학을 전공하며 맨체스터대학교에서 항공기 프로펠러를 연구했다. 그러다 점차 과학과 수학의 논리적 구조에 매료됐고, 더 근본적인 질문을 던지기 시작했다. 그는 '우리의 사고는 무엇에 의해 형성되는가?'라는 철학적 의문에 이끌려 1911년 케임브리지대학교로 떠난다. 당대 최고의 논리학자 버트런드 러셀과 만나 철학적 논의를 시작했고, 곧 언어가 우리의 사고를 결정짓는 중요한 요소라는 확신에 이르렀다.

1914년, 제1차 세계 대전이 발발하자 비트겐슈타인은 모든 학문적 연구를 내려놓고 자원입대했다. 참혹한 전장에서도 철학적 사유를 멈추지 않으며 《논리-철학 논고》(이하 《논고》)의 핵심 개념을 정리해 나갔다. 그는 철학이 문제를 해결하는 것이 아니라 문제를 명확히 보여 줌으로써 혼란을 줄이는 것이라고 봤다. "말할 수 없는 것에 대해서는 침묵해야 한다"라는 결론에 도달한 《논고》는 단 75쪽에 불과했지만 철학의 패러다임을 뒤바꿨고, 그는 '철학의 신'으로 불리기에 이른다.

그러나 그는 곧 자신의 철학에도 한계가 있음을 깨달았다. 《논고》는 '언어의 본질을 논리적으로 규명했다'는 평가를 받았지만 현실의 언어가 논리적 구조로 모두 설명되지 않는다는 사실을 놓치고 있었다. 그는 철학계를 떠나 오스트리아 시골 마을에서 초등학교 교사로 재직할 때 이를 깨닫는다. 아이들을 가르치며 언어가 단순한 논리적 체계가 아니라 맥락에 따라 의미가 달라지고 상황에 따라 변형된다는 점을 몸소 체험한 것이다.

마흔을 맞이한 1929년, 비트겐슈타인은 다시 케임브리지대학교로 돌아가고 그의 철학도 완전히 새로운 국면을 맞이한다. 그는 자신의 초기 철학을 부정하고, 언어를 규칙을 따르는 활동으로 바라보며 새로운 사유를 펼쳤다. 그렇게 그의 사후《철학적 탐구》가 탄생한다. 전기 철학에서 후기 철학으로의 변화는 단순한 관점의 전환이 아니었다. 그것은 철학의 방식이 바뀐 만큼 삶을 대하는 태도 자체가 바뀌는 사건이었다. 그는 마흔을 기점으로 철학을 다시 쓰면서 자신이 무엇을 말할 수 있고 무엇에 침묵해야 하는지를 깊게 사유했다.

1951년, 그는 죽음을 앞두고 마지막으로 이렇게 말했다.

"나는 멋진 삶을 살았다고 전해 주시오."

그의 사유는 책 속에만 머무는 이론을 넘은 현실의 철학이었다. 마치 우리가 마흔에 던지는 질문처럼, 비트겐슈타인은 자신의 철학적 여정을 통해 진정한 자아와 삶의 의미를 찾아갔다.

전 세계 명사들이 찬양한 철학 혁신가

그의 철학은 논리와 언어의 영역을 넘어 문학, 과학, 정치사상 등 다양한 분야에 영향을 미쳤다. 1929년,《논고》가 출간되자 논리 실증주의를 바탕으로 철학을 논리 분석으로 환원하려 한 빈학파는 그를 "과학적 세계관의 대표적 지도자"로 선언했다. 같은 해, 거시 경제학을 창시하고 정립한 경제학자 존 메이너드 케인스는 비트겐슈타인이 케임브리지대학교로 돌아오자 아내에게 "드디어 신이 도착했소. 내가 5시 15분 기차에서 그를 만났소"라고 말하기도 했다. 비트겐슈타인의 스승 러셀은 그를 "전통적 천재상에 가장 완벽하게 부합하는 인물"이라 평가했다. 영국의 소설가 아이리스 머독은 "비트겐슈타인이 만들어 낸 공백 속으로 새로운 철학들이 서둘러 진입했다"라고 말했다. 정치 이론가 하나 피트킨은 "비트겐슈타인은 늘 우리 앞에 있으나 익숙함 때문에 간과되던 것들을 새롭게 보는 관점을 제시했다"라고 평가했다. 철학자 월터 카우프만은 "비트겐슈타인은 두 번이나 철학의 새로운 방향을 제시했다"라고 말했다.

우리나라에서도 그의 사유는 깊은 울림을 남겼다. 음악가 신해철은 1997년 밴드 '넥스트'를 해체한 뒤 영국으로 유학을 떠났다. 이후 2000년, 비트겐슈타인의 철학에 매료돼 '비트겐슈타인'이라는 밴드를 결성해 철학적 사유가 담긴 음악을 시도하기도 했다.

마흔에 비트겐슈타인이 주는 다섯 가지 조언

살아온 시간이 쌓일수록 해결할 문제도 많아지고 세상의 소음은 더욱 크게 느껴진다. 우리는 불안과 혼란한 세상에서 방향을 찾고 싶지만 넘쳐 나는 정보와 모순된 주장 속에서 무엇을 믿고 따라야 할지 막막할 때가 많다.

비트겐슈타인은 이런 혼란이 본질적으로 언어와 사고의 문제에서 비롯된다고 봤다. 우리가 사용하는 언어는 우리의 사고를 규정하며, 명확하지 않은 언어는 명확하지 않은 사고를 낳는다. 그리고 혼란한 사고는 결국 혼란한 삶으로 이어진다.

마흔의 비트겐슈타인도 이와 같은 전환점에 서 있었다. 그는 《논고》에서 제시한 자신의 초기 철학을 부정하고 새로운 관점으로 세상을 바라봤다. 이처럼 우리도 지금까지 따라온 삶의 방식에 의문을 제기하고 새로운 방향을 모색할 수 있다.

그렇다면 우리는 어떻게 이 혼란을 극복할 수 있을까? 비트겐슈타인은 우리에게 다섯 가지 철학적 조언을 남긴다.

첫째, 자신이 누구인지 먼저 물어라.

마흔이 되면 삶의 정체성에 혼란이 찾아온다. 사회적 역할은 늘어났지만 정작 내가 누구인지 묻는 일은 줄어든다. 비트겐슈타인은 철학이 '자기 자신을 파악하는 작업'이라 말했다. 지금 당신이 생각하는 것, 말하는 것, 선택하는 것이 정말 '나의 것'인지 물어야 한다.

"철학은 건축과 비슷하지만, 본질은 자신을 세우는 데 있다."

둘째, 언어를 정리하고 인생을 선명하게 밝혀라.

우리는 언어로 생각하고 언어로 세상을 인식한다. 비트겐슈타인은 "언어가 곧 세계"라고 단언했다. 명확하지 않은 언어는 사고를 혼란하게 만들고 삶의 방향을 흐리게 한다. 불필요한 말과 의미 없는 소음에서 벗어나 자신이 쓰는 말을 점검해야 한다. 명확한 언어가 명확한 인생을 만든다.

"내 언어의 한계는 곧 내 세계의 한계다."

셋째, 문제의 근원을 마주하라.

문제는 늘 복잡해 보인다. 하지만 비트겐슈타인은 문제를 해결하려 애쓰기보다 문제를 구성하는 사고의 틀을 점검하라고 조언한다. 해결되지 않는 문제는 잘못된 방식으로 질문을 던졌기 때문일 가능성이 크다. 표면적 해결에 집착하기보다 문제의 근원을 들여다봐야 한다. 깊이 사유하지 않으면 문제에 끌려다닐 뿐이다.

"문제는 사라질 때 비로소 해결된다."

넷째, 타인의 생각이 아닌 자신의 생각으로 살아라.

누구도 당신 대신 생각해 줄 수 없다. 마흔이 되면 남들의 시선과 사회의 기준에 휘둘리기 쉽다. 하지만 비트겐슈타인은 진정한 사유는 타인의 틀을 벗어나 자기만의 질문과 언어로 생각하는 데서 시작된다고 강조한다. 당신만의 사고방식을 발견하고 그것을 믿어야 한다.

"누구도 나 대신 생각해 줄 수 없다."

다섯째, 삶의 의미를 찾아라.

삶은 의미는 그저 주어지는 것이 아니라 스스로 만들어 가는 것이며 성취의 크기가 아니라 과정에서의 태도에 있다. 비트겐슈타인은 자신이 옳다고 믿는 길로 걸어가는 것이 진정한 삶이라고 봤다.

"우리는 근본을 깊이 파고드는 일을 자꾸 잊어버린다."

비트겐슈타인은 세계 철학사에 깊은 족적을 남긴 위대한 사상가다. 그의 철학은 학문적 이론에 그치지 않고 우리의 일상과 사고방식에 직접적인 영향을 미쳤다. 복잡한 세상에서 본질을 꿰뚫는 그의 통찰은 특히 마흔의 나이에 접어든 우리에게 소중한 지혜가 된다.

"인간이 직면한 가장 중요한 문제는 무엇인가? 그것은 다름 아닌 '어떻게 살아갈 것인가'라는 물음이다."

이 문장에 비트겐슈타인 철학의 정수가 담겨 있다. 그의 통찰은 단순히 새로운 사상을 제시하는 데 그치지 않고 사유하는 방식을 근본적으로 혁신하는 힘을 가졌다. 우리는 문제와 씨름하기보다 문제를 바라보는 사고방식을 바꿈으로써 진정한 해결책을 찾을 수 있다.

이 책은 비트겐슈타인이 마흔에게 전하는 조언을 36가지로 정리했다. 글 한 편을 마칠 때마다 질문으로 그의 철학과 우리의 삶을 환기했다. 질문들이 독자가 책을 읽고 비트겐슈타인의 철학을 자신의 삶에 적용하고 깊이 사유할 수 있도록 돕는 역할을 하길 바란다. 지나온 인생의 혼란을 넘어 더 명확하게 생각하고 내면의 힘을 키우자. 비트겐슈타인의 철학은 당신이 걸어갈 길을 비추는 선명한 빛이 돼 줄 것이다. 흔들리지 않는 사고와 단단한 중심으로 마흔 이후의 삶을 써 내려갈 때다.

○ 목차

● 1장

마흔, 무엇이 내게 가장 중요한가

비트겐슈타인의 내면

● 2장

어떻게 언어가 세계를 넓히는가

비트겐슈타인의 언어

● 3장

얼마나 깊이 생각해야 하는가

비트겐슈타인의 사유

● 4장

언제 진정한 깨달음을 얻는가

비트겐슈타인의 통찰

● 5장

어떤 인생이 의미 있는가

비트겐슈타인의 삶의 의미

•

마흔, 무엇이 내게
가장 중요한가

비트겐슈타인의 내면

01

인생의 본질은
나다

—

자기 자신

"철학은 건축과 비슷하지만, 그 본질은 자기 자신을 세우는 데 있다. 그것은 스스로를 깊이 이해하고 세상을 바라보는 방식을 정리하며 사고의 기초를 단단히 다지는 과정이다."

《문화와 가치》

세상에서 가장 이해하기 어려운 것은 무엇일까? 진리를 떠올리는 사람도 있고, 타인의 마음을 꿈는 사람도 있을 것이다. 하지만 결국 가장 복잡하고도 알기 어려운 건 자기 자신이다.

마흔이 되면 이 물음이 더 선명해진다. 살아오며 축적된 경험과 역할, 사회의 기준과 타인의 시선이 내 안에 깊숙이 스며들어 있다. 익숙한 말투, 생각의 방식, 감정의 흐름조차도 처음부터 내 것이 아니었을지 모른다. 외부의 것들이 어느 순간부터 내 안에 자리를 잡고, 우리는 그 익숙함을 '나'라고 믿게 된다. 지금의 선택과 판단이 과연 온전히 나로부터 비롯됐는지 되묻게 되는 이유다.

비트겐슈타인은 언어가 우리의 사고를 규정한다고 생각했다. 우리가 쓰는 말이 곧 사고의 틀을 만들고 우리는 그 틀 안에서 세상을 해석하며 살아간다는 것이다.

하지만 우리가 쓰는 언어나 개념이 진정 내 것인지 고민할 필요가 있다. 무심코 받아들인 언어가 사고의 범위를 제한하면 나를 이해하는 방식마저 남이 만든 기준에 따라 결정될 수 있기 때문이다. 그는 철학을 건축에 비유하며 말했다.

"철학은 건축과 비슷하지만, 본질은 자신을 세우는 데 있다."

자기 자신을 세운다는 건 철학이 사유의 틀을 정리하고 언어의 혼란을 바로잡아 사고를 명료하게 만드는 일을 비유한 표현이다. 비트겐슈타인은 철학을 자신을 성찰하고 삶의 기초를 견고하게 다지는 과정으로 봤다. 건물을 짓듯 나를 새롭게 세워 가는 일이 자기 자신을 진정으로 이해하는 길이라는 뜻이다. 무심코 받아들여 온 생각과 감정에서 벗어나 온전히 '나'라는 존재를 다시금 바라보는 것이다. 그러나 바쁜 일상에서 우리는 정작 스스로를 돌아볼 여유가 없다. 이럴 때 그의 철학은 우리에게 결정적인 물음을 던진다.

"나는 누구인가?"

비트겐슈타인이 걸어온 인생길

비트겐슈타인은 단순한 철학 이론가가 아니었다. 범인(凡人)들이 이해하기 힘든 언어로 현대 철학을 이끈 천재 철학자였다. 그는 철학을 추상적 이론에 머무르게 하지 않았다. 철학을 삶의 방식으로 삼고 사유와 실천을 일치시키며 살았다.

당시 오스트리아의 부유한 가문 중 하나인 철강 재벌가에서 태어난 그는 어린 시절부터 수학·음악·철학 등 폭넓은 학문을 접할 수 있었다. 특히 아버지의 영향으로 공학과 기술 분야에도 관심을 기울였다. 대학에서 기계 공학을 전공하며 논리적 사고를 체계적으로 훈련했다.

이후 케임브리지대학교에서 러셀과 고틀로프 프레게를 만나 본격적으로 철학의 길을 걷게 된 뒤에는 학문적 성공보다 자신을 탐구하고 이해하는 데 주력했다. 끊임없이 삶을 돌아보며 진정한 사고란 무엇이며 그것이 삶과 어떻게 연결되는지 깊이 고민했다.

비트겐슈타인은 제1차 세계 대전에 참전해 전쟁터에서 《논고》를 집필한 후 철학계를 떠나 오스트리아의 시골 학교에서 교사로 일했다. 이후 다시 철학계로 돌아와 《철학적 탐구》를 집필하며 자신의 사상을 수정하고 보완했다. 이 여정은 그가 철학을 '삶을 이해하는 실천적 도구'로 삼았음을 분명히 보여 준다.

"인간은 자신이 소유한 것은 쉽게 인식하지만, 정작 자신이 어떤 존재인지는 명확히 알지 못한다. 마치 자신의 해발 고도를 즉각 측정하기 어려운 것처럼 스스로를 객관적으로 파악하는 일은 쉽지 않다."

비트겐슈타인의 생애는 자신을 파악하는 것이 얼마나 어려운가를 깨닫는 과정이었다. 우리는 종종 자신의 능력과 성취에 집중하며 '나는 이런 사람이다'라고 섣부르게 단정 짓는다. 하지만 정작 내가 누구인지, 어떤 가치를 따르는 사람인지, 무엇을 원하는지에 대해서는 깊이 고민하지 않는다. 그는 그런 삶을 거부하며 평생 동안 삶을 되돌아봤다. 스스로를 속이지 않으려 끊임없이 삶을 들여다보며 일생을 살았다.

마흔,
자기만의 철학이 있어야 할 때

사람들은 흔히 '나는 나를 잘 안다'라고 생각한다. 하지만 사회가 만든 틀 속에서 자신을 바라보는 경우가 많다. 내가 믿는 가치, 선택하는 방향, 살아가는 방식 등 우리가 당연시하는 것들이 정말 내 것이라고 할 수 있을까? 그런 우리를 꿰뚫기나 하듯 비트겐슈타인은 《철학 종교 일기》에서 이렇게 말했다.

"스스로를 속이지 마라. 자신의 행동과 감정을 세심하게 살피고, 내면의 소리에 조용히 귀 기울여라. 진정한 답을 찾으려면 타인의 시선을 의식하지 말고 오롯이 자신의 마음에 물어야 한다. 타인의 기대를 빌려 질문하지 말고, 타인의 시선을 빌려 자신을 바라보지 마라."

타인에 맞춰 형성된 나를 진정한 자아로 착각하는 우리에게 비트겐슈타인의 철학이 필요한 이유다. 그는 《문화와 가치》에서 "진리를 찾으려면 먼저 자기 자신을 극복해야 한다"라고 말한다.

"자기 자신을 극복하지 못한 사람은 진리를 말할 수 없다. 그러나 그것은 지혜가 부족해서가 아니다. 진리 속에서 살아가는 사람만이 진리를 말할 수 있다."

여기서 말하는 자기 극복은 단순히 지적 능력을 뛰어넘는 것을 의미하지 않는다. 스스로를 깊이 이해하고 언어와 사회의 틀에 갇히지 않도록 성찰하는 것을 말한다. 아무리 학문적으로 뛰어난 지식을 쌓아도 내가 누구이며 어떤 삶을 원하는지 모른다면 삶을 제대로 살아갈 수 없다.

비트겐슈타인의 철학은 스스로가 누구인지 그리고 어떤 삶을 원하는지 탐구하는 과정이었다. 그러나 많은 사람은 타인의 기대 속에서 자신을 정의하고, 진정한 자신이 누구인지 제대로 바라보지 못한다. 《문화와 가치》에서 그는 이렇게 말했다.

"우리가 이룬 성취는 타인에게는 큰 의미가 될 수 있을지 몰라도, 정작 우리 자신에게 더 중요한 가치를 지니는 것은 아니다."

마흔이라면 이제 남이 정한 기준에서 벗어나야 한다. 타인의 기대가 아닌, 내면에서 우러나는 가치로 삶의 방향을 다시 세워야 할 때다. 철학은 바로 그 기준을 찾는 과정이다. 성취의 크기가 아니라 그것이 내게 어떤 의미인지 끊임없이 되물을 때 비로소 삶의 진정한 방향을 찾을 수 있다. 삶의 방향을 잃고 방황할 때 철학은 자기 자신을 되돌아보는 힘을 발휘한다.

삶은 단 한 번뿐이다. 그런데도 우리는 때때로 스스로를 잃고

타인과 사회가 부여한 모습으로 살아간다. 비트겐슈타인은 우리가 내리는 선택과 살아가는 방식이 과연 온전히 나의 것인지를 먼저 돌아보기를 권한다. 내가 누구인지 알고 그에 걸맞게 살아가는 삶이야말로 진정한 의미의 삶이라는 것이다.

"지금의 나는 진짜 나와 맞닿아 있을까?"

진정한 성장은 나를 제대로 이해하는 데서 시작된다. 이 질문은 비트겐슈타인이 우리에게 던지는 가장 중요한 과제이자 스스로를 깊이 탐구하는 철학적 여정의 출발점이 될 것이다.

나는 누구인가?
나는 어떤 삶을 원하는가?

02

어떤 일이 닥치더라도
스스로를 잃지 마라

—

자기 통제

"겸허한 마음으로 맡은 바를 충실히 수행하라. 그리고 어떤 일이 닥치더라도 스스로를 잃지 마라. 타인을 위해 헌신하려 할 때야말로 가장 자신을 잃기 쉬운 순간임을 기억하라."

〈1914년 8월 15일 일기〉

마흔의 삶은 바쁘다. 아침부터 밤까지 밀려드는 일들 속에서 멈추지 못한 채 달리고 또 달린다. 멈추면 도태될 것 같은 불안, 뒤처질까 봐 두려운 마음에 자신을 다그치며 하루를 버틴다. 끊임없이 요구되는 역할과 책임에 치이느라 정작 내 마음이 어디에 있는지 돌아볼 틈조차 없다. 가족을 위해, 관계를 위해 인정받기 위해 애썼지만 거울 속의 내가 낯설게 느껴지는 순간이 있다. 문득 '이렇게 사는 게 맞는 걸까?', '나는 누구의 삶을 살고 있는 걸까?' 하는 생각이 스친다.

어떤 이는 헌신을 미덕이라 여기지만 때로 헌신은 나 자신을 잃게 만들기도 한다. 누구도 알아주지 않는 노력, 타인의 기대를 채우기 위해 희생한 시간, 이해받지 못한 감정들이 쌓일수록 나라는 존재는 점점 희미해진다. 바로 이 지점에서 비트겐슈타인은 우리에게 강력한 메시지를 던진다.

"어떤 일이 닥치더라도 스스로를 잃지 마라!"

자신을 지킨다는 건 단순한 고집이 아니다. 거센 바람을 맞으면서도 뿌리를 단단히 내린 나무처럼 흔들리더라도 결코 쓰러지지 않는 것이다. 삶의 소용돌이 속에서 내가 누구인지 끝까지 붙잡고 어떤 상황에 놓이든 방향을 잃지 않는 것이다.

비트겐슈타인이 끝까지 붙든 삶의 태도

비트겐슈타인은 평생 자신을 잃지 않기 위해 싸웠다. 삶을 통해 철학을 증명하려 했고 이론을 쌓기보다 자기 삶 자체를 철학의 실험장으로 삼았다. 그가 남긴 철학적 유산은 언어와 논리에 대한 것이지만, 그 밑바탕에는 '어떻게 살아야 하는가?'라는 근본적인 물음이 자리 잡고 있다. 또한 그의 철학은 '사유의 방법론'인 동시에 불안한 삶에서 자신을 잃지 않는 태도를 보여 준다.

그는 제1차 세계 대전에 자원해 참전했을 때 극한의 환경에서도 끊임없이 사유하며 자기 통제를 실천했다. 전쟁터에서조차 철학적 탐구를 놓지 않으며 1914년 11월 12일 전쟁 일기에 이렇게 기록했다.

"자신을 잃어서는 안 된다! 온 마음을 다해 집중하라. 시간을 흘려보내기 위해서가 아니라 삶을 온전히 살아 내기 위해 경건한 마음으로 임하라. 그리고 누구에게도 부당하게 행동하지 마라."

삶이 극한으로 치달을수록 인간은 쉽게 자신을 잃는다. 그러나 비트겐슈타인은 불안과 공포 속에서도 철저하게 스스로를 다잡으려 했다. 그의 철학은 생사를 알 수 없는 상황에서도 자신을 붙들어 주는 버팀목이 됐다.

물론 그가 언제나 강했던 것은 아니다. 그는 극심한 우울증 환자였다. 때로는 삶을 포기하고 싶을 만큼의 절망을 경험했다. 그 심정도 1915년 2월 26일 일기에 고스란히 담겼다.

우리가 걷는 모든 길은
결국 자신에게로 향한다.

"나는 완전히 버려진 듯한 기분이다. 깊은 절망 속에서 자살을 생각한다."

그러나 바로 다음 날인 2월 27일, 그는 이렇게 다짐했다.

"스스로를 잃지 마라!"

삶의 가장 어두운 순간에도 그는 철학적 사유로 자신을 붙들었다. 자신을 지키고자 하는 의지는 곧 자기 통제의 시작이었다. 어떤 상황에서도 스스로를 잃지 않는 것, 그것이 그가 끝까지 붙잡고자 했던 삶의 태도였다.

나를 잃으면
전부 잃는다

비트겐슈타인은 평생 외롭고 불안한 삶을 살았다. 주변 사람들과 쉽게 어울리지 못했다. 우울증에 시달리며 내면의 갈등과 치열하게 싸워야 했다. 그러나 고통 속에서 도망치지 않고 철학을 통해 깊이 사색하며 자신을 단련했다. 1916년 7월 16일 일기에는 다음과 같은 고백이 담겨 있다.

"거센 폭풍우가 몰아친다. 나는 산속에 고립됐고, 추위와 비바람, 짙은 안개 속에서 열악한 장비만으로 버텨야 한다. 온몸이 고통스럽고, 나 자신을 잃어버릴 것만 같은 두려움이 엄습한다. 나는 나약한 인간일지도 모른다. 하지만 내 정신만큼은 여전히 나를 지탱하고 있다."

비트겐슈타인에게 고통은 피할 수 없는 현실이자 자신을 단련하는 기회이기도 했다. 그는 삶의 극한에서조차 자기 통제를 놓지 않았고, 감정에 휘둘리지 않고 고통을 있는 그대로 바라보며 철학적 사유로 극복하고자 했다.

그는 불확실한 삶 속에서 흔들리지 않으려 묵묵히 사유했다. 포탄이 날아다니는 전쟁터에서 극심한 우울을 겪으면서도 끝내 철학을 붙잡았다. 그리고 날카로운 통찰로 자기 자신을 조율해 나갔다. 1916년 7월 20일 일기에는 이렇게 쓰여 있다.

"더 나은 인간이 되려면 말없이 묵묵히 자기 일을 계속하라."

여기서 말하는 작업은 단순한 노동이 아니다. 삶을 버티고 견디게 하는 사유의 과정이다. 이를 통해 그는 삶이 줄곧 던지는 고통과 혼란에 맞섰고, 자기 통제를 잃지 않으려 애썼다.

우리 삶도 크게 다르지 않다. 예측할 수 없는 변화, 경쟁, 관계

속에서 흔들릴 때가 많다. 사회의 요구와 타인의 기대에 무리해서 나를 맞추다 보면 어느덧 나는 내가 누구인지조차 잊어버리곤 한다. 그러나 삶이 우리를 흔들수록 더욱 분명히 붙잡아야 할 것은 바로 나 자신이다. 자기 통제는 외부 환경을 완벽히 통제한다는 뜻이 아니다. 내면의 혼란에 휩쓸리지 않고 중심을 지키는 힘을 말한다. 그가 극한의 전쟁터와 내면의 어둠 속에서도 철학을 놓지 않았듯 우리도 삶의 소용돌이에서 진정한 나를 붙잡을 수 있다.

마흔부터는 흔들리는 세상 속에서 자신을 잃지 않으려는 삶을 살 때다. 불확실함이 커질수록 더 깊이 자신을 들여다보고 조용히 자신을 다듬어야 한다. 삶의 중심은 바깥이 아니라 언제나 내 안에 있다.

극한의 상황에서도 나를 잃지 않는 힘을
어떻게 키울 것인가?

03

타인에게 감정을
지배당하지 마라

—

평정

"사람들에게 분노할 필요는 없다. 그들은 그저 흐릿한 그림자처럼 스쳐 지나갈 뿐이다. 그들의 말과 행동이 너의 내면까지 스며들게 해서는 안 된다."

〈1916년 7월 9일 일기〉

우리는 수많은 감정을 느끼며 살아간다. 어떤 감정은 삶을 풍요롭게 만들지만 어떤 감정은 우리를 잠식하고 소모한다. 마흔이 되면 감정을 드러내는 일조차 쉽지 않다. 괜한 오해를 살까봐, 불이익을 당할까 봐 감정을 눌러 담는 것에 익숙해지는 나이다. 그러나 억눌렀다고 감정이 사라지는 것은 아니다.

분노는 그중 가장 다루기 까다로운 감정이다. 불공평한 대우, 억울한 일, 타인의 무례한 말 한마디에 생긴 분노를 제때 돌보지 않으면 그 감정은 조용히 내면 깊숙이 스며들어 어느 순간 삶 전체를 지배하기 시작한다. 자신의 자리를 지키기 위해 억눌렀던 감정이 되레 나를 무너뜨리는 역효과로 되돌아오는 것이다.

남의 악의에 반응하는 순간 내 평온이 깨진다

비트겐슈타인은 세상의 불합리함과 인간의 어리석음을 직접 체험한 철학자였다. 그는 언어와 논리를 엄격히 다루면서도 현실에서 인간의 저열함과 무지에 부딪히며 그 괴리에서 깊이 절망했다. 그는 전쟁터에서 전우들에게 느낀 실망감을 1914년 9월 20일 일기에 기록한다.

"다시 한번 강조하지만, 인간의 악함에 맞서지 않고 버틴다는 것은 결코 쉬운 일이 아니다. 악은 언제나 마음에 깊은 상처를 남기기 때문이다."

비트겐슈타인은 타인의 악의에 즉각 반응하는 순간 오히려 자신의 평온이 더 크게 깨진다는 사실을 깨달았다. 분노가 내면을 잠식하면 결국 자기 자신을 무너뜨리게 된다는 것이다. 그러나 동시에 분노를 단순히 억눌러 해결할 수 없음도 잘 알고 있었다. 억압된 감정은 강한 파도로 돌아오거나 예상치 못한 방향으로 표출돼 내면을 더욱 혼란스럽게 만들 뿐이다. 1914년 11월 17일, 그는 고백하듯 적었다.

"사람들에게 화내지 않는 것이 얼마나 어려운 일인가! 인내하는 것이 또 얼마나 힘든가! 매번 조용히 참고 견디겠다고 다짐하지만, 번번이 그 다짐이 흔들리고 만다."

비트겐슈타인은 분노를 억제하는 데 그치지 않고 그 감정을 제대로 이해하고 다루기 위해 끊임없이 자신을 성찰했다. 하지만 위대한 철학자에게도 자기 통제의 길은 순탄하지 않았다. 한계를 인정해야 할 때도 있었다. 1916년 7월 19일, 그는 다음과 같은 기록을 남겼다.

"여전히 분노를 떨쳐 내지 못한다. 스스로를 다스리지 못하는 내 모습이 참으로 안타깝다."

이 고백에는 비트겐슈타인의 자기 성찰과 고뇌가 담겨 있다.

그는 항상 이성과 논리를 탐구했지만, 누구든 감정이라는 본능적 요소 앞에서 흔들릴 수밖에 없음을 깨달았다. 그러나 분노를 완전히 제거할 수 없다는 사실을 인정하는 것은 패배가 아니었다. 이는 오히려 감정을 효과적으로 다루게 되는 시발점이 됐다.

그는 인간의 어리석음과 악의가 우리의 감정을 자극하지 않을 수 없음을 인정했다. 중요한 건 '자극이 어디까지 스며들도록 허용할 것인가'였다. 1916년 7월 9일, 그는 내면에서 피어오르는 분노를 조용히 응시하며 이렇게 기록한다.

"그들이 내게 말을 걸지 않는 한 평온을 유지하는 것은 비교적 쉽다. 하지만 거칠고 무례한 태도로 다가오면 내 안의 무언가가 흔들리기 시작한다. 그러나 분노하지 말자. 분노는 결국 아무런 의미도, 가치도 남기지 않는다."

타인의 부조리한 언행이 나를 향해 맹렬히 돌진해 올 때, 과연 내가 그로부터 얼마나 자유로울 수 있을까? 이는 자기 통제와 깊은 관련이 있다.

분노는 일시적으로는 강력한 행동력을 부여한다. 동시에 이성을 마비시키고 판단력을 흐리게 만들어 삶의 균형을 파괴한다. 비트겐슈타인은 파괴적인 감정을 철학적 시선으로 해석했다. 《문화와 가치》에서 그는 이렇게 조언한다.

"남을 따라 행동하지 말고, 오직 자신의 본성에 따라 살아가라."

이는 외부 환경에 무관심해지라는 뜻이 아니다. 자신의 신념과 본성을 흔들림 없이 삶의 중심에 두라는 조언이다. 세상의 불합리와 타인의 저열함이 내면 깊숙이 파고들어도 우리를 무너뜨리지 못한다는 메시지다. 분노의 파도를 한 발짝 떨어져 바라볼 수 있는 여유가 생기면, 결국에는 거친 물결에 휩쓸리지 않고 묵묵히 지나갈 힘을 얻을 수 있다는 것이다.

모든 분노가 나쁜 것만은 아니다. 불합리한 상황에 대한 분노는 변화를 일으키는 원동력이 되기도 한다. 관건은 그 분노를 어떻게 다루느냐다. 비트겐슈타인 역시 세상의 부조리에, 인간의 비열함에 분노했다. 그러나 감정에 함몰되지 않고 이를 깊은 성찰과 철학적 탐구로 승화시켰다. 이는 그의 대표작 《논고》가 탄생하게 된 동력이기도 하다.

역사적으로도 분노가 삶이 변화하는 데 중요한 계기가 된 사례가 많다. 마틴 루터 킹 주니어는 인종 차별에 대한 분노를 행동으로 전환하며 비폭력 운동을 이끌었다. 그의 분노는 인류 역사에 중요한 전환점을 만들어 냈다. 불합리한 현실을 받아들이는 대신 더 나은 사회를 위한 움직임을 조직했고, 결국 미국의 시민 운동을 성공적으로 이끄는 데 기여했다.

스타벅스 전 CEO 하워드 슐츠 역시 분노를 성장의 원동력으로 삼았다. 그는 가난한 어린 시절을 보냈고, 아버지가 부당한 처우를 받으며 일하다 아무런 보호도 받지 못한 채 해고되는 모습은 그에게 깊은 분노를 남겼다. 그는 훗날 기업을 운영하며 직원 복지의 중요성을 절실히 깨달았고, 스타벅스를 단순한 커피 회사가 아니라 의료 보험과 학자금 지원을 제공하는 '사람 중심'의 기업으로 성장시켰다. 그는 분노를 더 나은 기업 문화를 만드는 추진력으로 승화시켰다.

분노는 무조건 억누르거나 방치할 감정이 아니다. 어떻게 활용하느냐에 따라 파괴적인 힘이 될 수도 있고, 더 나은 삶을 이뤄내는 계기가 될 수도 있다. 중요한 것은 감정 자체가 아니라 그것을 다루는 우리의 태도다. 분노가 내면을 잠식해 나를 무너뜨릴 것인지, 아니면 나를 성장시키는 동력이 될 것인지는 온전히 우리의 선택에 달려 있다. 그렇다면 어떻게 분노가 내 삶 깊숙이 파고들지 않도록 막을 수 있을까?

분노를 현명하게 조절하는 세 가지 방법

첫째, 즉각 반응하지 말고 잠시 멈추는 연습을 하자.

회사에서, 가정에서, 사람과의 갈등 속에서 감정이 치밀어 오를 때 우리는 본능적으로 반응하기 쉽다. 언제든 한 박자 멈추는 여유가 필요하다. 깊게 숨을 들이쉬고 감정의 파도를 가라앉힌 뒤 이성의 목소리에 귀 기울여 보자. 감정이 아닌 이성에 기반한 선택은 상황을 더 넓고 객관적으로 바라볼 수 있게 한다. 이것이 스스로를 지키는 지혜다.

둘째, 감정을 억누르기보다 인정하고 흘려보내자.

눌러 담았던 분노는 시간이 지나면 마음 깊은 곳에 응어리로 남는다. 그 감정이 결국 나를 지치게 하고 관계마저 상하게 만든다. 감정을 없애려 애쓰기보다 지금 이 순간 내가 화가 나 있음을 알아차리는 것이 먼저다. 스스로를 부정하지 않고 감정을 흘려보낼 수 있는 힘, 그것이 진정한 자기 통제다.

셋째, 타인의 말과 태도가 내 삶을 흔들지 않도록 하자.

무례한 말 한마디에 하루의 감정이 무너질 때가 있다. 순간이 지나고 나면 남는 것은 상처뿐이다. 중요한 것은 상대의 태도가 아니라 그에 반응하는 나의 태도다. 타인의 언행에 내 삶의 중심을 빼앗기지 말자. 상대의 어리석음 때문에 나의 에너지까지 소진할 이유는 없다.

삶은 통제할 수 없는 일들로 가득하다. 타인의 말과 행동, 예상치 못한 상황, 사회의 구조적 불합리는 우리의 힘만으로 바꾸기 쉽지 않다. 하지만 우리가 분명하게 통제할 수 있는 것은 '그 모든 것에 어떤 태도로 임할 것인가?' 하는 점이다.

평정은 결코 나약함이나 무감각이 아니다. 오히려 불필요한 감정 소모를 줄이고, 심층적으로 사고하며, 자신의 삶을 주도하는 강인함을 키운다. 감정을 다스릴 수 있는 사람만이 진정한 자기 삶의 지휘자가 될 수 있기 때문이다.

수많은 부조리 속에서도 흔들리지 않는 평정을 지켜나갈 때 우리는 비로소 삶을 주도적으로 이끌어 갈 수 있다. 비트겐슈타인이 말한 '평온한 자유'는 감정의 소용돌이 속에서도 내 중심을 붙잡는 사람에게 찾아온다. 그런 자유야말로 삶을 단단하게 만드는 가장 강력한 힘이 된다.

감정을 다스리고 있는가?
아니면 감정에 끌려가고 있는가?

04

인생이 좋을 때는 감사히 누리고
나쁠 때는 담담해져라

—

균형

"생의 좋은 시간들은 은혜로 감사히 누리고, 그렇지 않은 시간에는 삶에 대해 담담해지는 것이 좋다."

〈1914년 10월 12일 일기〉

삶은 예측할 수 없다. 뜻대로 풀리기도 하고 아무리 애써도 꼬이기도 한다. 성공과 실패, 기쁨과 슬픔, 행운과 불운이 교차한다. 어떤 순간은 영원할 것 같고 또 어떤 순간은 끝이 보이지 않는다. 마흔은 그런 오르내림을 겪어 본 나이다. 꿈만 같던 성공도, 견디기 힘든 슬픔도 경험한 시기다. 그래서 이제는 안다. 어떤 순간도 영원하지 않고, 삶은 늘 흘러간다는 것을.

비트겐슈타인은 행복할 때는 온전히 감사하고, 고통이 찾아왔을 때는 담담하게 받아들이라고 한다. 감정을 억누르거나 무시하라는 뜻이 아니다. 지나친 감정 기복에 휩쓸리지 않고 내면의 균형을 유지하는 자세가 필요하다는 말이다.

그 누구보다
파란만장했던 삶

비트겐슈타인의 삶은 놀라운 성공의 순간에 높이 올라갔다가도 곧바로 바닥으로 내려앉곤 하는 예측 불가능한 사건들의 연속이었다. 1914년 10월 12일 일기에서 그런 삶에 대한 비트겐슈타인의 생각을 읽을 수 있다.

"내 안에는 외적 숙명에 담담해지는 순간이 있는가 하면, 반대로 외적 자유와 고요를 갈망하며 타인의 명령에 따르는 것에 극심한 염증을 느끼는 순간도 있다."

그는 운명을 담담히 받아들여야 한다고 느끼면서도 동시에 자유를 향한 강렬한 갈망을 멈출 수 없었다. 이런 상반된 태도는 그의 삶 전반을 꿰뚫는 중요한 주제였다.

비트겐슈타인은 철강 재벌가에서 태어났다. 하지만 물질적 풍요가 행복을 보장하지 않음을 일찍이 깨달았다. 이후 제1차 세계 대전에 참전해 인간 존재의 유한성과 운명의 가혹함을 직접 체험했다.

철학자로서도 그는 현실과 타협하는 것이 쉽지 않았다. 학계의 구조와 제도적 틀 안에서 종종 불편함을 느꼈고 시골에서 아이들을 가르칠 때도 현실과 이상의 괴리 사이에서 좌절하기 일쑤였다. 한때 수도원 생활도 고려했지만 그곳에서도 내면의 평온을 찾지 못하고 떠나게 됐다. 그러나 그는 상황에 매몰되지 않았다. 때로는 담담히 수용하고 때로는 과감히 나아가며 자신만의 길을 찾고자 했다. 철학의 길을 받아들이면서도 외적 조건에 휩쓸리지 않고 단단한 태도를 유지하려 했다. 그리고 마침내 말했다.

"생의 좋은 시간들은 은혜로 감사히 누리고, 그렇지 않은 시간에는 삶에 대해 담담해지는 것이 좋다."

비트겐슈타인은 끊임없이 자유와 독립을 갈망했다. 그가 진정으로 원했던 것은 '외부 환경에 흔들리지 않는 내면의 독립'이었다. 레이 몽크의 《비트겐슈타인 평전》에 따르면 그는 이렇게 말했다.

"외부 세계에 기대지 마라. 그러면 세상이 어떻게 변하든 두려움 없이 살아갈 수 있을 것이다. 사물로부터 자유로워지는 것보다 타인의 영향에서 벗어나는 것이 훨씬 더 어렵다. 그러나 진정한 독립은 사람으로부터도 자유로울 때 비로소 가능하다."

그러나 비트겐슈타인조차도 사람과 사회의 영향에서 완전한 독립은 쉽지 않았다. 결국 그는 철학을 통해 삶 자체를 바라보는 태도를 바꾸기로 했다. 자유에 대한 탐색은 곧 삶에 대한 근본적 질문이었다. 《문화와 가치》에서 그는 이렇게 말한다.

"삶에서 문제를 인식하지 못하는 사람은 어쩌면 가장 본질적인 무언가를 놓치고 있는 것은 아닐까?"

비트겐슈타인에게 삶은 문제와 함께 살아가면서도 중심을 잃지 않는 과정이었다. 지나친 고민과 회피 사이의 균형이 중요하다는 것이다.

삶에서
균형을 찾는 법

비트겐슈타인은 삶의 모든 순간을 담담히 받아들이는 태도를

내면의 문제를 조율할 때
세상의 소음은 비로소 음악이 된다.

강조한다. 우리는 흔히 행복이 영원하기를 바라고 고통은 한순간에 사라지길 원한다. 그러나 삶은 뜻대로 되지 않을 때가 더 많다. 그래서 삶을 대하는 우리의 태도가 더욱 중요해진다. 그렇다면 어떻게 삶에서 균형을 찾을 수 있을까?

첫째, 삶의 흐름을 받아들이자.

좋은 날은 감사히 누리고 힘든 날은 담담히 건디자. 기쁨에 지나치게 집착하거나 고통을 애써 밀어내려 할수록 삶은 더 버겁게 느껴진다. 마흔은 이미 삶의 흐름을 충분히 겪어 온 때다. 그러니 흘러가는 대로 내버려 두되, 중심을 잃지 않는 태도가 필요하다.

둘째, 외부보다 내면의 기준을 분명히 하자.

직장에서의 평가, 주변의 시선, 가족의 기대에 맞추다 보면 정작 나는 흐려진다. 비트겐슈타인의 말처럼 "외부 세계에 기대지 마라". 흔들리지 않는 삶은 타인이 아니라 나만의 가치관을 지킬 때 가능하다.

셋째, 문제를 없애려 애쓰기보다 문제를 대하는 태도를 바꾸자.

마흔이 되면 삶의 문제는 끝없이 이어진다는 걸 자연스레 알게된다. 모든 문제를 해결하려 애쓰기보다 그것과 함께 살아가는 법을 배우는 것이 더 현실적이다. 중요한 건 문제가 아니라 그것 앞에서 내가 어떤 자세를 취하느냐다.

비트겐슈타인이 말한 삶에 대한 담담함은 삶의 다양한 굴곡에서도 스스로를 잃지 않는 태도다. 그러니 기쁜 순간에는 온전히 감사하고 힘들 때는 '이 또한 지나간다'는 마음으로 버텨 보자. 남의 시선이 아니라 '내가 진짜 원하는 것'이 무엇인지도 묻자. 이 물음에 답을 찾을 때 진정한 자유를 얻을 수 있다.

또한 가치관을 분명히 할수록 외부 환경에 흔들리지 않는다. 작은 실천이 쌓여 내면이 단단해지면 어떤 상황에서도 흔들리지 않는 자신을 발견할 수 있다. 내면을 지켜 낼 수 있다면 우리는 변화무쌍한 세상에서 주체적으로 살아갈 수 있다.

외부에 폭풍에 휩쓸리지 않고
내면의 목소리를 따라가고 있는가?

05

주저앉아 흐느끼며 죽는 것보다
끝까지 전진하다가 죽는 것이 낫다

—

극복

"절망은 끝이 없으며, 스스로 일어서지 않는 한 사라지지 않는다. 죽음을 선택한다고 해서 절망이 끝나는 것은 아니다. 오직 스스로 다시 일어설 때만이 절망을 극복할 수 있다."

〈1931년 11월 7일 일기〉

살다 보면 누구나 예고 없이 찾아오는 절망을 마주하곤 한다. 절망은 순식간에 모든 것을 무너뜨리고, 끝도 없는 어둠 속에 갇힌 듯한 내면의 정지 상태로 우리를 몰아넣는다. 깊은 절망을 만나다 보면 삶을 포기하고 싶은 충동이 들기도 한다.

그러나 비트겐슈타인은 절망은 피하거나 외면한다고 저절로 사라지는 것이 아니라고 말한다. 오히려 절망을 정면으로 바라보고 받아들일 때 비로소 다시 일어설 힘이 생긴다고 조언한다.

오직 계속해서 살아가는 것만이 절망을 끝내는 길이다

비트겐슈타인은 어린 시절부터 깊은 절망을 경험했다. 그의 아버지는 자수성가한 철강 재벌이었고 교육 방식은 강압적이었다. 그 탓에 일반 학교를 충분히 다니지 못했다. 급우들과도 쉽사리 어울리지 못했다. 성적도 종교 과목을 제외하면 그리 좋지 않았다.

비트겐슈타인을 결정적으로 무너뜨린 사건은 가족의 잇따른 죽음이었다. 1904년 맏형과 셋째 형이 자살했고, 이어서 또 다른 형마저 생을 스스로 마감했다. 한 가족에서 세 형제가 연달아 자살한 이 비극은 그에게 극심한 우울과 내면의 고통을 안겨 줬다. 그 역시 삶을 포기하고 싶은 충동에 시달리다 결국 깨닫는다. 절망은 저절로 끝나지 않으며 오직 다시 일어서는 결단만이 절망을 넘어설 수 있는 길이라는 것을. 그는 《문화와 가치》에서 이렇게 말했다.

"우리는 자신의 결점을 인정해야 한다. 마치 거울 속 자신의 얼굴을 있는 그대로 받아들이는 것처럼."

절망을 극복하는 첫걸음은 현실을 있는 그대로 받아들이는 태도였다. 비트겐슈타인은 고통을 부정하거나 왜곡하지 않고 직시함으로써 절망을 넘어설 실마리를 찾았다. 1931년 10월 12일 일기의 내용이다.

"너 자신을 발가벗겨 보라."

비트겐슈타인이 이렇게 기록한 것은 자신의 본모습을 숨기지 않고 드러내는 정직함이야말로 절망을 극복하는 핵심이라고 봤기 때문이다. 그는 절망을 그저 피해야 할 고통으로만 여기지 않고 오히려 삶을 더욱 깊이 이해하는 계기로 삼고자 했다. 말년에 전립선암에 걸려 극심한 신체적 고통까지 겪어야 했지만, 마지막까지 철학적 사유를 포기하지 않은 것도 같은 맥락이다.

그는 투병 중이던 철학자 친구 조지 에드워드 무어에게 철학적 고민을 포기하지 말라고 조언했다. 무어는 케임브리지대학교의 저명한 철학자로, 분석 철학의 선구자 중 한 명이었다. 비록 두 사람의 철학적 입장은 달랐지만 그는 무어의 사유를 깊이 존중했다. 그는 무어에게 "철학적 사유가 생을 단축하더라도, 그것이야말로 축복된 삶"이라고까지 말했다. 이는 그에게 철학이 단순한 지적 유희가 아니라 존재를 규정짓는 삶의 태도였음을 보여 준다. 절망 속에서도 사유를 놓지 않았던 이유도 여기에 있었다. 비트겐슈타인은《문화와 가치》에서 이렇게 썼다.

"삶이 버거울 때 우리는 먼저 상황을 바꾸려 한다. 하지만 가장 근본적이고 효과적인 변화는 태도를 바꾸는 데서 시작된다. 그러나 이를 결심하는 것은 가장 어려운 일이다."

비트겐슈타인의 철학은 절망을 극복하는 데 중요한 통찰을 제공한다. 절망을 피할 수 없다면 그것을 삶을 더 깊이 이해하는 기회로 삼아야 한다. 그는 현실을 왜곡하지 않고 정직하게 마주하는 것이 현실을 극복하는 진정한 방법이라고 믿었다.

고통의 끝에는 분명
더 강해진 내가 있다

절망은 누구에게나 공평하게 찾아온다. 그 파괴력에 삶이 송두리째 흔들리고, 때로는 모든 것이 끝나 버린 듯한 기분이 들기도 한다. 하지만 역사를 돌아보면 극단적 상황에서도 절망을 이겨 낸 이들이 존재한다.

비트겐슈타인의 고등학교 동창 히틀러는 인류 역사상 가장 끔찍한 범죄를 저질렀다. 그가 만든 수용소는 말 그대로 지옥이 됐다. 그러나 그 수용소에서 살아남은 빅터 프랭클은 오히려 극한의 절망 속에서 삶의 의미를 찾아 '로고테라피'라는 새로운 심리 치료 기법을 완성했다. 프랭클은 《죽음의 수용소에서》에서 이렇게 말한다.

"우리에게서 모든 것을 빼앗을 수 있어도, 단 한 가지, 우리가 고통을 대하는 태도는 빼앗을 수 없다."

비트겐슈타인과 프랭클은 절망을 피하려 하지 않는다는 공통점을 지녔다. 그들은 절망을 직면할 때 비로소 그 안을 헤쳐 나갈 실질적인 힘이 생긴다는 사실을 이미 알고 있었다. 그러나 단지 절망을 마주하는 것만으로는 부족하다. 결국 우리가 해야 할 일은 행동이다. 1931년 11월 7일, 실연으로 인해 큰 아픔을 겪던 비트겐슈타인은 이렇게 적었다.

"똥 밭에 빠졌다면 할 수 있는 일은 단 하나, 계속 나아가는 것뿐이다. 주저앉아 흐느끼며 죽는 것보다는 끝까지 버티며 전진하다가 죽는 것이 낫다."

비트겐슈타인은 절망을 피하거나 무력하게 앉아 있지 않고, 한 걸음 더 앞으로 나아갔다. 프랭클 역시 거대한 절망 속에서 자신이 할 수 있는 것 하나하나를 실천하며 삶의 의미를 만들어 갔다. 아주 사소한 행동일지라도 그것이 절망을 이겨 내는 출발점이 될 수 있음을 보여 준 셈이다.

우리 역시 절망을 외면하거나 도망치려 애쓰지 않고, 그것을 삶의 일부로 끌어안아야 한다. 절망이 찾아왔을 때 환경을 탓하거나 무기력에 빠지지 않고 먼저 태도를 바꾸고 작은 걸음부터 내디뎌 보는 것이다. 책 한 장을 읽는 것, 사랑하는 사람에게 연락하는 것, 잠시라도 밖으로 나가 몸을 움직이는 것이 그 시작이 될 수 있다. 한 걸음씩 앞으로 나아가다 보면 영원할 것 같던 절망의 끝에 도달할 수 있다. 그 자리에는 더 깊어진 사유, 더 단단해진 내면, 그리고 다시 나아갈 힘을 갖춘 자신이 서 있다. 절망을 마주하되 삶을 선택하고 행동하는 것. 이것이 바로 비트겐슈타인이 우리에게 전하는 절망을 극복하는 지혜다.

삶이 버겁게 느껴질 때
절망을 있는 그대로 마주할 수 있겠는가?

06

비극은
후회에서 시작된다

—

후회

"비극은 언제나 이렇게 시작될 수 있다. '만일 …하지 않았더라면, 아무 일도 일어나지 않았을 텐데.'"

《문화와 가치》

"만일 그때 그렇게 하지 않았더라면….'

"만일 다른 선택을 했더라면….'

마흔이 되면 지나온 삶의 갈림길들이 떠오른다. 그때 다른 선택을 했더라면, 조금 더 용기를 냈더라면, 혹은 약간만 더 참았더라면. "그때 그랬더라면 어땠을까?"라는 후회는 우리를 끝없는 회상의 터널로 이끈다.

비트겐슈타인은 말한다. 인생의 비극은 '만일'이라는 말에서 시작된다고. 후회는 과거를 되돌릴 수 있다는 착각을 남기지만 실제로는 현재를 무력하게 만들 뿐이다. 돌이킬 수 없는 과거에 머무를수록 우리는 지금 이 순간의 가능성을 놓치게 된다.

후회가 일으키는
생각의 함정

비트겐슈타인도 후회의 감정에 사로잡혀 깊이 괴로워한 시기가 있었다. 초등학교 교사로 일하던 때 학생을 구타해 큰 문제가 되자 그는 도망치듯 교사직을 그만둔다. 그는 당시 상황을 되돌아보며 '그때 달리 행동했더라면?' 하는 생각에 시달렸다. 하지만 후회는 아무런 문제도 해결하지 못했다. 오랜 고민 끝에 그는 한 가지 중요한 깨달음에 이른다.

"이미 벌어진 일에 대해 '만일 그때와 달랐다면 이런 일은 없었을 텐데'라고 생각하는 순간, 많은 것이 고통과 불운, 비극으로 바뀌고 만다."

《철학 종교 일기》

비트겐슈타인은 후회를 단순한 감정이 아니라 '내가 과거를 바꿀 수 있다'는 착각을 자아내는 사고의 함정이라 생각했다. 인생은 한 방향으로 흘러가지만 후회는 마치 시간을 되감을 수 있는 것처럼 우리의 발목을 잡는다. 나아가 후회 속에서 '과거가 이랬으니 미래도 마찬가지일 것'이라며 자신을 옭아맨다. 그러나 그는 삶이 직선이 아니라 곡선처럼 계속해서 변한다고 강조했다.

"우리는 세계의 미래를 생각할 때, 지금의 흐름이 그대로 이어질 것이라 가정하며 그 끝을 예상한다. 하지만 실제로 미래는 직선이 아니라 곡선을 그리며 흐르고, 그 방향은 끊임없이 변한다."

과거를 반복할 것인가
미래를 바꿀 것인가

후회가 우리를 붙잡는 이유는 과거의 선택을 되돌려 다른 결과를 얻고 싶기 때문이다. 하지만 비트겐슈타인은 후회가 아무 도움도 되지 않는다는 것을 뼈저리게 깨달았다. 오히려 그는 우리가 후회에 매달리는 사이에 삶에서 정말 중요한 문제를 놓치고 있음을 발견한다.

"내가 만일 진정으로 행복하지 않다면, 내 모든 재능이 무슨 의

내게 주어진 길이 직선일지 곡선일지 몰라도
멈추지 않고 나아가야 한다.

미가 있을까? 가장 중요한 문제를 해결하지 못한다면, 철학적 질문에 답하는 것이 내게 어떤 도움이 되겠는가?"

우리는 해결할 수 없는 과거에 집착하느라 현재를 살아가는 태도를 잃어버린다. 그러나 중요한 것은 지금 우리가 무엇을 선택하느냐다. 물론 후회를 떨쳐 내기란 절대 쉽지 않다. 특히 인간관계에서 비롯되는 후회는 더욱 깊은 상처를 남긴다. 비트겐슈타인도 인간관계에서 후회의 감정을 크게 겪었다. 1914년 11월 13일 일기에서 그는 사람들과 어울리지 못하는 이유를 스스로에게 설명하면서도 마음을 닫지 못해 괴로워했다.

"내가 그들과 어울리지 못하는 이유는 그 관계를 유지하는 데 필요한 저급한 태도를 지니지 않았기 때문이다. 그런데 이상하게도 마음을 닫아 버리기가 쉽지 않다."

우리 역시 관계를 맺는 과정에서 '만일 내가 그때 그렇게 말하지 않았더라면?', '만일 더 배려했다면?' 하고 뒤늦게 후회한다. 그러나 이미 지나간 일을 붙잡고 후회하는 건 현재의 기회를 사라지게 할 뿐이다. 오히려 '이 관계를 통해 내가 배운 것은 무엇이며, 앞으로 어떻게 적용할 것인가'를 물어야 한다.

비트겐슈타인은 언어가 우리의 사고를 규정한다고 생각했다. 후회는 만일이라는 '말'에서 시작된다. 그래서 그는 언어를 다루는 방식을 바꾸는 것이 곧 삶의 태도를 바꾸는 것이라고 강조했다. 그는 《문화와 가치》에서 이렇게 말했다.

"우리는 끊임없이 언어와 씨름하고 있다."

"만일 내가 그렇게 하지 않았다면?"이라는 말을 "지금 내가 할 수 있는 것은 무엇인가?"로 바꿀 수 있어야 한다. 언어가 달라지면 사고방식이 달라지고, 사고방식이 달라지면 행동이 달라진다. 후회에서 벗어나려면 과거가 아니라 지금에 집중하는 말을 써야 한다.

하지만 말만 바꾼다고 모든 일이 해결되는 것은 아니다. 후회를 극복하려면 실수에서 얻은 교훈을 바탕으로 전과는 다르게 '행동'해야 한다. 후회가 깊다는 건 그것을 극복할 만한 새로운 경험을 만들어 내지 못하고 있음을 의미하기도 한다. 즉 후회에 머물지 않고 새로운 방향을 찾아 나설 때에야 비로소 앞으로 나아갈 수 있다.

과거 때문에 여전히 고통스럽다면 그 후회를 통해 배운 점을 작은 실천으로 바꿔 보자. 같은 실수를 반복하지 않는 태도 혹은 전혀 다른 선택을 해 보는 경험이 후회로 인한 무력감을 희석해 줄 것이다. 바꿀 수 없는 과거를 붙잡고 괴로워하는 것보다는 바꿀 수 있는 지금을 선택하는 것이 낫다. 결국 중요한 것은 과거를 반복하느냐, 아니면 완전히 새로운 길을 개척하느냐. 후회로 시간을 허비할지 아니면 새로운 가능성을 향해 걸어갈지, 그 열쇠는 '만일'이 아닌 '지금'의 선택에 있다.

어제의 후회는 오늘의 나에게
어떤 질문을 던지고 있는가?

07

불안과 부질없이 싸우지 말고
현재에 충실하라

—

고요

"아직도 내 미래를 걱정하는 건 내 안의 고요를 잃어버렸기 때문이다."

<1914년 11월 21일 일기>

마흔의 하루는 소음으로 가득하다. 아침에는 스마트폰 알람과 메시지, 낮에는 업무와 일상의 일, 저녁에는 가족의 요구와 사회의 기대. 하루 종일 쏟아지는 말과 정보 속에서 조용할 틈이 없다. 하지만 우리를 가장 불안하게 만드는 것은 외부의 소음이 아니다. 오지 않은 미래에 대한 두려움으로 흔들리는 마음이다.

비트겐슈타인은 이런 현대인의 불안이 "내 안의 고요를 잃어버렸기 때문"이라고 말한다. 고요가 사라진 자리에는 불안이 들어선다. 불안은 생각을 흐트러뜨리고 결정을 망설이게 만들며 삶의 중심을 잃게 한다. 마치 바람에 흔들리는 나뭇잎처럼 우리는 외부의 변화에 쉽게 휩쓸린다. 그러나 불안은 없애려고 발버둥칠수록 오히려 우리를 옭아맨다.

그는 그 해법이 불안을 억누르는 것이 아니라 흔들리지 않는 내면의 고요를 되찾는 데 있다고 생각했다. 고요란 단순히 주변 소음을 차단하는 데 그치지 않는다. 그것은 어떤 변화가 닥쳐도 흔들리지 않는 마음의 상태이자 흔들림 속에서도 삶을 꿋꿋이 마주하는 삶의 태도다.

비트겐슈타인이 본 불안

비트겐슈타인의 삶은 깊은 고독과 불안 속에서 전개됐다. 그의 사유를 온전히 이해하는 사람은 많지 않았다. 첫 저서 《논고》는 스승인 러셀조차 완벽히 해석하기 어려워했을 정도다. 그는 전쟁터와 시골 교실, 수도원과 병원을 오가며 자신의 철학을 삶에 직접 시험했다. 언어의 본질을 탐구하기 위해 교사, 건축가, 병원 조수 등 다양한 직업을 전전하며 철학을 이론이 아닌 현실로 끌어들인 것이다. 그 과정에서 불안은 늘 그의 그림자처럼 따라다녔다.

그에게 불안은 단순히 감정적 동요가 아니었다. 오히려 삶과 실존의 본질을 향해 던지는 물음이었다. 철학이 실제로 현실을 바꿀 수 있는지, 언어의 한계를 넘어 삶의 의미를 밝힐 수 있는지 고민을 거듭해도 명쾌한 해답은 보이지 않았다. 그저 자신의 나약함과 싸울 뿐이었다. 그는 1916년 8월 13일 일기에 이렇게 적었다.

"여전히 나의 나약한 본질에 대항해 부질없이 싸우고 있다."

하지만 비트겐슈타인은 불안을 없애야 할 대상으로 보지 않았다. 오히려 깊이 들여다봐야 할 과제로 여겼다. 《문화와 가치》에서 그는 이렇게 말한다.

"불안은 병과 같다. 우리는 그것을 받아들여야 하며, 불안에 저항하는 것이야말로 가장 해로운 대응이다."

비트겐슈타인이 보기에 불안은 존재 자체를 탐구하는 과정이었다. 그리고 철학이야말로 그 과정을 돕는 실천적 수단이라고 믿었다. 불안한 순간에도 고요를 찾을 수 있다면 자신을 파괴하지 않고 이를 오히려 성장의 계기로 삼을 수 있다고 여겼다.

불안은 저항해야 하는 것이 아니라 받아들여야 하는 것이다

우리는 미래가 불확실할수록 불안을 없애기 위해 온갖 해결책을 찾으려 애쓴다. 완벽한 계획을 세우려 노력하기도 한다. 하지만 이런 시도는 오히려 불안을 더 키우는 역설적인 결과를 낳는다. 마치 어두운 방에서 계속 어둠을 밀어내려 할수록 더욱 짙게 느껴지는 것과 같다.

비트겐슈타인은 불안을 없애려 하기보다 그것을 인정하고 그 안에서 평온을 찾는 편이 훨씬 낫다고 봤다. 불안을 억누르고 거부할수록 내면의 갈등이 커져 결국 불안에 더욱 빠져들 뿐이라는 것이다.《비트겐슈타인 평전》에서 그는 이렇게 말한다.

"슬픔이 너를 괴롭히지 않도록 하라. 슬픔을 온전히 받아들이고 마음속에 흐르게 하라. 진정 나쁜 것은 그것을 거부하고 저항하는 것이다."

비트겐슈타인에게 불안과 슬픔 같은 감정은 자연스러운 삶의 일부였다. 중요한 것은 그것을 인정하고도 평온을 유지할 수 있는지였다. 그렇다면 그는 어떻게 불안을 이겨 냈을까? 방법은 의외로 간단했다. 바로 '지금, 이 순간에 충실하게 사는 것'이었다. 비트겐슈타인은 1916년 7월 8일 일기에 다음과 같이 적었다.

"오직 현재를 사는 사람만이 행복하다. 현재에 충실한 삶에는 죽음의 두려움이 없다."

우리가 느끼는 불안은 대부분 아직 오지 않은 미래에 대한 걱정에서 비롯된다. 그러나 미래는 실제로 존재하지 않는 우리의 상상 속에서만 만들어지는 것이다.

미국의 심리학자 어니 J. 젤린스키에 따르면 우리가 하는 걱정들 중 40%는 절대 일어나지 않고, 30%는 이미 일어난 일에 대한 것이며, 22%는 아주 사소한 문제이고, 4%는 우리가 통제할 수 없는 영역이다. 즉 실제로 해결 가능한 문제는 단 4%에 불과한 셈이다.

대부분의 걱정은 쓸데없는 불안에 지나지 않는다. 우리의 능력으로 어찌할 수 없는 일에 마음을 쓰느라 정작 당장 할 수 있는 일들을 놓치고 있다는 뜻이다. 비트겐슈타인은 이 사실을 꿰뚫어 보고 '오직 지금, 이 순간을 있는 그대로 받아들이고 살아갈 때' 불안에서 비로소 자유로워질 수 있다고 말했다.

비트겐슈타인은 불안을 없애야 할 감정이 아니라 평생 함께할 감정으로 바라봤다. 불안에서 도망치거나 거부할수록 그것은 점점 더 거세진다. 그는 1916년 5월 6일 일기에 이렇게 적었다.

"세상은 때때로 잘못된 방식을 가르친다. 하지만 그 속에서 사람들을 이해하려 노력하라. 미워하고 싶을 때조차 그들을 이해하려는 태도를 가져라. 내적 평화에 기대 살아야 한다."

비트겐슈타인에게 내적 평화란 불안과 갈등을 삶의 일부로 인정하고도 흔들리지 않는 마음가짐이었다. 온갖 변수와 갈등이 가득한 세상을 살면서도 사람들을 이해하려 애쓰고 스스로에게도 관대함을 유지하려 노력하라는 뜻이었다.

사회적 압박, 인간관계 문제, 개인의 트라우마 등 우리가 통제할 수 없는 요인들이 언제든 우리 삶을 흔들 수 있다. 그럴 때일수록 불안을 억누르려 하기보다 그 불안을 껴안으며 현재의 나에게 집중하는 것이 중요하다. 나를 흔드는 감정은 피하려고 애쓸수록 커지기 마련이다.

예를 들어 불안이 스며들 때 아주 짧게라도 현재에 집중해 보자. 스마트폰을 잠시 멀리 두고 10분 정도 호흡에만 집중해 보거나 창밖 풍경을 조용히 바라보고 감사한 일을 적어 보는 등 사소한 실천도 좋다. 이런 작은 시도들이 모여 불안을 무찌른다.

고요는 불안이 없는 상태가 아니다. 불안이 엄연히 존재해도 흔들리지 않고 중심을 잃지 않는 상태다. 불확실한 미래 앞에서도 나를 붙들어 주는 고요를 찾을 수 있다면 우리는 한층 단단한 모습으로 앞으로 나아갈 수 있다. 불안을 억누르려 애쓰지 말고 지금, 이 순간에 집중하라. 그것이 내면의 고요를 되찾는 가장 확실한 길이다.

불안한 마음을 고요로 다스리기 위해
어떤 노력을 하고 있는가?

•

2장

어떻게 언어가
세계를 넓히는가

비트겐슈타인의 언어

Ludwig Josef Johann Wittgenstein

하나의 언어를 떠올리는 것은
하나의 삶을 떠올리는 것이다

—

언어

"내 언어의 한계는 내 세계의 한계다."

《논고》

인간은 언어를 통해 세상을 이해하고 규정한다. 우리가 보고, 듣고, 경험하는 모든 것은 언어로 의미를 얻고 사고의 틀 안에 정리된다. 그렇게 언어는 단순한 소통의 도구를 넘어 세계를 인식하는 방식 자체를 형성한다.

비트겐슈타인은 언어의 강력한 힘을 인정하면서도 동시에 그것이 가진 한계를 깊이 인식했다. 그는 우리가 이해할 수 있는 것 자체가 언어의 구조와 작동 방식에 종속돼 있음을 간파했다. "내 언어의 한계는 내 세계의 한계다"라는 그의 선언은 사용하는 언어가 곧 우리의 인식 지평을 결정한다는 통찰을 담고 있다.

언어의 논리적 분석
언어의 실천적 해석

비트겐슈타인은 20세기 철학을 혁신한 사상가다. 기존 철학이 '세계의 본질'을 밝히는 데 집중했던 반면 그는 '언어의 본질과 한계'를 탐구함으로써 철학의 방향을 바꿨다. 그의 철학은 전기와 후기로 나뉘며 언어에 대한 서로 다른 시각을 제시한다.

그는 전기 철학에서 《논고》를 통해 언어를 논리적으로 분석했다. '그림 이론'을 제시하며 언어가 단순한 소통의 도구가 아니라 세계의 구조를 반영하는 체계라고 봤다. 문장은 현실을 논리적으로 반영하는 틀로써 실제 세계의 구조와 형식이 닮았으며 언어는 세계의 상태를 정확히 반영하고 그 의미는 현실과 직접 연결된다는 것이다.

전통 철학은 눈에 보이지 않는 세계의 본질을 논리로 설명하려 애써 왔다. 하지만 그는 말로 표현할 수 없는 것이라면 철학적으로도 다루기 어렵다고 봤다. 그래서 말로 다 설명할 수 없는 것들 앞에서 조용히 멈춰 서는 태도가 철학의 또 다른 진실이라고 믿었다.

그렇다고 종교, 윤리, 삶의 의미 같은 주제들 자체를 부정한 것은 아니었다. 오히려 삶에서 중요한 것일수록 언어로는 온전히 표현될 수 없다고 믿었다. 다만 그런 주제들은 설명을 넘어선 세계에 속한다는 것이 그의 생각이었다. 이런 관점은 형이상학적 추론을 통해 세계의 본질을 탐구했던 전통 철학과는 전혀 다른 접근이었다. 비트겐슈타인은 언어로 표현할 수 없는 것은 사고할 수도 없으며, 이에 대해 말하려는 시도 자체가 무의미하다고 봤다. 그의 가장 유명한 문장 "말할 수 없는 것에 대해서는 침묵해야 한다"는 언어에 대한 그의 태도를 단적으로 보여 준다.

그러나 후기 철학에서는 자신의 전기 철학을 비판적으로 돌아보며 《철학적 탐구》를 저술했다. 그는 이때부터 언어가 단순히 우리가 사는 세계를 반영하는 것이 아니라 그것이 사용되는 맥락 속에서 의미가 형성된다고 봤다. 즉 언어는 의미가 고정돼 있지 않고 사람들의 실제 생활과 규칙에 따라 변하며 맥락에 따라 새로운 의미를 만들어 낸다는 것이다.

이를 설명하기 위해 그는 '가족적 유사성' 개념을 제시했다. 예를 들어, 체스, 축구, 카드 게임은 모두 '게임'으로 불리지만, 공통된 본질이 있는 것은 아니다. 어떤 게임은 경쟁이 없고, 어떤 게임은 신체 활동이 필요하며, 어떤 게임은 단순한 오락에 불과하다. 이처럼 단어는 본질이 정해져 있는 것이 아니라 다양한 상황에서 비슷한 방식으로 사용되며 의미를 얻는다. 이런 맥락에서 그는 '언어 게임'이라는 개념을 도입했다. 그는 의미란 사전에 고정된 정의가 아니라 언어가 실제로 사용되는 방식 속에서 생겨난다고 봤다. 이것이 바로 언어 게임의 핵심이다. 그는 이를 다음과 같은 말로 요약했다.

"하나의 언어를 떠올린다는 것은 곧 하나의 삶의 방식을 떠올리는 것이다."

언어를 이해한다는 것은 곧 우리가 살아가는 방식을 이해하는 것이다. 우리가 사용하는 언어가 우리의 사고를 규정하고, 그에 따라 세계를 바라보는 방식도 달라진다. 결국 어떤 언어를 쓰느냐에 따라 생각과 삶도 달라질 수밖에 없다.

지금 당신이 말하는 것이
당신의 삶을 드러낸다

비트겐슈타인이 《논고》에서 남긴 "내 언어의 한계는 내 세계의 한계다"라는 명제는 단순한 언어학적 주장이 아니다. 우리가 이해하고 사고하는 방식 자체가 우리가 사용하는 언어의 범위에 의해 결정된다는 깊은 철학적 통찰을 담고 있다.

인간은 언어를 통해 세상을 인식한다. 어떤 개념을 말로 표현할 수 없다면 그것을 명확하게 사고할 수도 없다. 우리의 세계는 언어라는 틀 속에서 형성되며 그 틀이 한정적일수록 인식의 범위도, 사고의 폭도 좁아진다. 비트겐슈타인은 철학의 역할이 언어를 명확히 해 사고의 혼란을 제거하는 것이라 봤다. 그는 철학이 '이미 알고 있는 언어를 분석하고 정리하는 작업'이라고 했다.

"철학은 언어의 본래 사용을 침해하지 않아야 하며, 다만 그것을 기술할 수 있을 뿐이다."

비트겐슈타인은 언어의 한계는 곧 우리가 세계를 이해할 수 있는 한계를 의미한다고 봤다. 언어가 제한되면 사고의 폭도 좁아질 수밖에 없다. 복잡한 개념을 표현하지 못하면 그 개념을 온전히 인식하기 어려워진다. 이는 실생활에서도 중요하다. 우리는 언어로 경험을 정리하고 감정을 표현하며 타인과 소통한다. 익숙한 표현과 개념에 갇히면 새로운 가능성을 보지 못하고 이해하기도 어려워진다. 그는 《문화와 가치》에서 이를 상징적으로 표현했다.

"문이 잠겨 있지 않고 안에서 열 수 있다 해도, 밀기만 하고 당길 생각을 못 한다면 그는 여전히 방 안에 갇혀 있게 된다."

이것은 우리의 생각이 언어와 사고방식에 갇힐 수 있음을 시사한다. 문이 열려 있어도 여는 방법을 모르면 갇혀 있는 것이나 마찬가지다. 마찬가지로 언어와 개념의 틀을 확장하지 않으면 새로운 사고와 가능성을 발견할 수 없다. 비트겐슈타인의 통찰은 우리가 사용하는 언어를 확장하는 것이 곧 사고의 문을 여는 과정임을 보여 준다. 언어가 풍부해질수록 우리가 이해하고 인식할 수 있는 세계 또한 넓어진다는 것이다.

당신이 볼 수 있는 것은
당신이 아는 만큼이다

마흔은 말의 의미를 더 깊이 실감하는 시기이기도 하다. 예전엔 스쳐 지나갔던 감정과 풍경, 사람의 말투와 표정이 이제는 다르게 다가온다. 비트겐슈타인의 통찰처럼 언어가 풍부할수록 사고의 깊이도 넓어지고, 세상을 이해하는 방식 또한 정교해지며, 이전에는 보이지 않던 것들이 비로소 눈에 들어오고, 같은 풍경도 더 많은 의미를 품게 된다.

반대로 언어가 제한적이면 사고의 폭도 좁아진다. 상황을 표현할 적절한 개념을 모른다면 감정을 온전히 표현할 수 없다. 말로 설명하지 못하는 경험은 제대로 이해하기도 어렵다. 이는 어휘력의 문제가 아니다. 세상을 얼마나 깊이 바라볼 수 있는지, 얼

생각은 세상을 향한 사다리가 되고
언어는 세상을 보는 창이 된다.

마나 넓게 사고할 수 있는지의 문제다. 비트겐슈타인의 "내 언어의 한계는 내 세계의 한계다"라는 명제는 이런 통찰을 철학적으로 확장한다. 우리가 사용하는 언어가 사고의 경계를 결정한다면, 언어의 확장은 곧 사고의 확장을 의미한다. 새로운 개념과 표현을 배우는 것이 우리가 보고 경험하는 세계를 넓히는 과정인 것이다.

언어는 세상을 바라보는 방식이며 행동을 이끄는 힘이다. 그러니 더 깊은 언어를 배우자. 표현할 수 있는 것이 많아질수록 이해할 수 있는 세계도 넓어진다. 그리고 때로는 언어로 담아낼 수 없는 것들 앞에서도 열린 마음을 가지자. 삶은 말로 설명할 수 없는 것들로 가득 차 있지만, 그 너머를 향해 나아갈 때 우리는 더욱 성장하고 충만해질 수 있다. 내가 쓰는 언어가 곧 나의 세계다. 더 나은 삶을 원한다면, 더 나은 언어를 배워야 한다.

내 언어의 깊이와 너비는 어느 정도인가?
그 언어는 나를 어디로 이끌고 있는가?

09

말할 수 없는 것에는
침묵하라

—

침묵

"말할 수 없는 것에 대해서는 침묵해야 한다."

《논고》

　마흔이 되면 알게 된다. 백 마디 말보다 한 번의 침묵이 더 많은 것을 전할 수 있다는 사실을. 설명하려 애쓸수록 오히려 오해를 낳고 마음을 전하고 싶을수록 말이 길어지는 법이다. 그러나 어느 순간 깨닫게 된다. 말이 많을수록 본질은 흐려지고, 때로는 아무 말 없이 조용히 머무는 태도야말로 더 깊은 진심을 전달한다는 것을. 비트겐슈타인은 "말할 수 없는 것에는 침묵해야 한다"라는 단 한 문장으로, 언어로 다 담아낼 수 없는 세계가 있음을 우리에게 일깨웠다.

비트겐슈타인은 논리적인 사람이었다. 빅토리아대학교에서 항공 관련 논문으로 공학 박사 학위를 받을 정도로 수학과 공학에 능통했다. 그의 철학적 탐구 역시 수학과 논리학에서 출발했다. 당시 많은 철학자는 논리를 통해 세계를 완벽하게 설명할 수 있다고 믿었다. 그러나 비트겐슈타인은 언어와 논리가 필연적으로 한계를 가질 수밖에 없음을 깨달았다.

러셀과 프레게의 논리 철학을 연구하던 그는 언어의 구조가 사고를 결정한다는 결론에 도달했다. 우리가 세계를 이해하고 표현하는 방식은 언어에 의해 형성된다. 하지만 언어에는 본질적인 한계가 있다. 세상에는 표현할 수 있는 것과 표현할 수 없는 것이 있으며, 논리적으로 말할 수 없는 것은 사고하기도 어렵다. 그는 이를 다음과 같은 말로 정리했다.

"생각조차 할 수 없는 것은 말로도 표현할 수 없다."

이 말은 언어로 규정할 수 없는 것은 사고의 범주를 벗어난다는 의미다. 마치 빛이 닿지 않는 그림자처럼 언어가 미치지 못하는 영역은 인식조차 어렵다.

이런 깨달음은 철학적 사유에서만 나온 것이 아니다. 그는 제1차 세계 대전에 참전하며 인간 존재의 근본적인 문제를 직접 경험했다. 전장의 참혹함 속에서 그는 삶과 죽음, 윤리적 고민들을 마주하며 《논고》를 집필했고, 인생에는 논리적으로 정리할 수 없는 것들이 분명히 존재함을 체감했다. 논리적으로 표현할 수 없는 것은 철학적 논의의 대상이 될 수 없다고 본 것이다. 윤리, 종교, 예술, 감정 같은 영역은 논리의 틀로 설명될 수 없으며, 이를 해석하려는 시도는 필연적으로 실패한다고 주장했다. 그는 철학의 역할이 언어의 한계를 명확히 구분하는 것이라고 봤다. 그래서 철학적 문제의 상당수가 언어의 오용에서 비롯된 혼란이라 주장하며, 철학은 언어를 명확히 다듬어 불필요한 혼란을 제거하는 작업이어야 한다고 결론지었다.

말할 수 있는 것
말할 수 없는 것

비트겐슈타인은 《논고》 한 권으로 '철학의 신'으로 불리기 시작했다. 그에 따르면 '말할 수 있는 것'과 '말할 수 없는 것'을 구분해야 한다. 말할 수 있는 것은 논리와 경험적 사실로 명확히 표현할 수 있는 영역이다. 과학적 진리나 수학적 명제처럼 객관적으로 검증할 수 있는 것들이 여기에 속한다. 이런 것들은 언어를 통해 분명히 전달될 수 있다.

반면 말할 수 없는 것은 언어로 명확히 설명할 수 없는 영역이다. 삶의 의미, 도덕, 예술, 종교, 인간 존재에 대한 궁극적인 질문들은 언어로 완전히 정의할 수 없다. 비트겐슈타인은 철학이 이런 문제를 언어로 해결하려 하는 것 자체가 잘못된 질문에서 비롯된다고 봤다. 그는 말할 수 없는 것에는 무리하게 설명하려 하기보다 침묵하는 것이 더 적절하다고 주장했다. 그가 말한 침묵은 단순히 말을 하지 않는 것이 아니다. 더 깊은 이해를 위해 언어가 닿을 수 없는 세계를 겸허히 받아들이는 태도다.

"말로 다 표현할 수 없는 것이 있다. 그것은 스스로 드러나며, 신비로움을 간직한다."

비트겐슈타인의 말처럼 언어로 설명할 수 없는 것들이 분명히 존재한다. 하지만 그것들은 우리가 경험하는 삶에서 자연스럽게 드러난다. 중요한 것은 이런 영역을 억지로 정의하려 하기보다 그 본질을 있는 그대로 받아들이고 경험하는 것이다.

우리는 그가 살던 시대보다 훨씬 더 많은 정보를 접하며, 끊임없이 말하고 표현해야 하는 환경에 놓여 있다. 그러나 모든 것을 즉각 해명하고 설명하려는 태도는 오히려 오해와 혼란을 낳을 수 있다. 때로는 침묵 속에서 더 깊이 사고하고, 신중하게 드러내는 것이 필요하다.

현대는 표현의 시대다. 우리는 SNS와 디지털 매체를 통해 끊임없이 자신의 생각과 감정을 공유하고, 설득하며, 영향력을 키우려 한다. 말하는 능력이 곧 경쟁력이 됐고, 이에 따른 빠른 반응이 요구된다. 질문이 오면 즉시 답해야 하고, 의견을 묻는 순간 곧바로 결론을 내야 한다는 압박이 크다.

그러나 모든 것을 말로 정리하려는 태도가 반드시 긍정적인 결과를 가져올까? 성급한 판단과 경솔한 말은 깊은 상처가 되기도 하고, 스스로를 옭아매는 족쇄가 되기도 한다. 깊은 이해 없이 내뱉은 말은 피상적인 결론을 만들고, 불필요한 논쟁과 오해를 불러일으킨다.

"철학의 어려움은 아는 것보다 더 많이 말하지 않는 데 있다."

말이 많다고 반드시 지혜가 생기는 것은 아니다. 중요한 것은 많은 말을 하는 것이 아니라, 상황을 제대로 이해한 후 꼭 필요한 말만 하는 것이다.

때로는 즉각적인 반응보다 한 걸음 물러서서 상황을 깊이 들여다보는 지혜도 필요하다. 침묵은 무반응이 아니라 보다 신중한 선택을 위한 준비 과정이다. 말이 넘쳐나는 시대일수록 침묵 속에서 더 깊이 사유하는 태도가 진정한 지혜로 이어진다.

말만 하지 말고
행동으로 증명하라

그렇다고 침묵이 늘 정답은 아니다. 침묵은 갈등 상황에서 오해를 키우고 더 큰 문제로 번질 수도 있다. 비트겐슈타인은 "언어로 풀어낼 수 없는 부분을 인식하자"라고 했을 뿐 "항상 침묵해야 한다"라고 말한 것은 아니다. 중요한 것은 언어의 역할과 한계를 이해하고 침묵이 필요한 순간과 말이 필요한 순간을 지혜롭게 구별하는 것이다. 말을 줄이는 것을 넘어 행동으로 증명하며 진정한 의미를 스스로 깨닫는 과정이 필요하다.

우리는 삶에서 언어로 설명할 수 없는 많은 순간을 마주한다. 사랑과 신뢰는 말로 다 담아낼 수 없다. 깊은 배려와 공감도 긴 설명으로 전달되는 것이 아니다. 위로가 필요한 사람에게는 수많은 말을 늘어놓는 것보다 묵묵히 곁을 지키는 것이 더 큰 위로가 될 때가 있다. 관계에서도 설득과 논쟁보다 조용한 이해와 기다림이 더 깊은 변화를 만들기도 한다. 비트겐슈타인은 《논고》의 서문에서 이렇게 말했다.

"이 책 속의 생각들은 그와 유사한 생각들을 이미 스스로 해 본 사람들만이 이해할 것이다."

철학은 단순히 가르침을 받아들이는 것이 아니라 직접 경험하고 깊이 사유해야 비로소 온전히 이해할 수 있는 것이다. 말로 전달되는 단편적인 지식을 넘어 삶에서 체득된 깨달음만이 진정한 지혜가 된다는 것이다.

삶의 모든 물음에 답을 구하려는 태도는 오히려 좌절을 안겨 줄 수도 있다. 설명할 수 없는 지점에 이르렀다면, 굳이 말로 정의하려 애쓰기보다 조용히 멈춰 보자. 침묵 속에서 스스로 다가오는 미묘하고도 깊은 깨달음이야말로 우리를 더 단단하고 성숙하게 만들어 줄 소중한 자산이 될 테니 말이다.

행동하고 실천하는 것이 두려워서
말로만 설명하고 있지는 않은가?

10

다른 사람과 잡담하지 말고
나 자신과 말하라

—

자기 대화

"나는 대부분 글을 통해 혼자만의 대화를 남긴다. 오직 나 자신과 마주하며 고민해야 할 문제들을."

《문화와 가치》

삶은 끊임없이 우리에게 과제를 던진다. 마흔쯤 되면 과제는 더 구체적이고 무게감 있게 다가온다. 일과 가정 사이에서 균형을 잡으려 애쓰고, 놓쳐 버린 기회에 대한 후회와 남은 시간에 대한 불안이 겹쳐진다. 지금의 삶이 과연 내가 바라던 삶인지, 지금이라도 다른 길을 선택할 수 있는지 스스로에게 묻게 된다.

그럴 때 우리는 본능적으로 해결책을 바깥에서 찾으려 한다. 조언을 구하고, 즉각적인 해법을 모색하며, 바쁜 일상에 자신을 몰아넣거나 취미 생활로 기분을 전환하려 한다. 하지만 이런 방식이 언제나 유효한 것은 아니다. 외부에서 찾은 해결책이 순간적인 위안과 안정을 줄 수는 있다. 그러나 근본적인 해답이 되지는 못한다. 문제의 본질은 결국 내 안에 있기 때문이다. 삶의 질문에 대한 진정한 답을 찾고 싶다면 먼저 내면을 들여다봐야 한다. 철학이 중요한 이유도 여기에 있다. 깊은 사고를 통해 본질을 탐구하고, 흔들리지 않는 지혜를 기르기에 철학만큼 유용한 도구는 없다.

답은 언제나
내 안에 있다

비트겐슈타인은 평생 자신과 깊은 대화를 나눈 철학자였다. 그는 삶의 근본적인 문제를 해결하기 위해 외부에서 답을 찾기보다 내면을 깊이 파고들었다. 철저한 사유와 글쓰기를 통해 철학을 정립했으며, 그 과정은 끊임없는 질문과 회의 속에서 이뤄졌다.

특히 그는 언어와 사고의 관계를 탐구하며, 자신과의 대화를 통해 사고의 한계를 인식하는 과정이 철학의 본질임을 깨달았다. 《논고》에서는 언어가 사고를 결정한다고 봤다. 표현할 수 없는 것은 사고할 수도 없기에 사유의 경계를 인식하는 것이 중요하다고 주장했다.

그러나 후기 철학에서 자신의 사상을 철저히 검토하고 수정하며 《철학적 탐구》에서 새로운 입장을 제시했다. 언어가 단순한 논리적 구조가 아니며 인간이 살아가는 생활 세계 속에서 의미를 가진다는 깨달음이었다. 이는 그가 스스로에게 끊임없이 질문을 던지며 사고를 확장해 나갔기 때문에 가능한 변화였다.

그에게 철학은 삶을 명확히 이해하고 사고를 정리하는 활동이었다. 우리는 종종 문제의 해답을 외부에서 찾으려 하지만 정작 중요한 답은 자신의 사고와 경험을 깊이 들여다볼 때 발견된다. 1931년 11월, 그는 이렇게 적었다.

"내가 해야 할 일은 분명하다. 상상 속의 타인에게 귀 기울이지 말고, 오직 자신에게 집중하라. 즉 나를 쳐다보는 타인의 시선을 의식하지 말고, 온전히 나 자신을 들여다보라. 지금 너는 타인을 의식하고 있다. 이 얼마나 비열한 일인가. 자신의 시선을 피해 타인의 반응에 기대려는 유혹은 얼마나 강한가."

비트겐슈타인의 일기는 자신과의 대화가 철학적 사고를 발전시키는 원동력이라는 깨달음을 담고 있다. 외부의 시선과 기대

책을 탐독하듯
나에게 집중하는 시간이 필요하다.

에 흔들리지 않고, 온전히 자기 내면에 집중할 때 사고가 명료해지고 본질에 다가설 수 있다는 것이다.

비트겐슈타인의 자기 대화와
그 의미

그는 "내 언어의 한계가 곧 내 세계의 한계다"라고 말했다. 이는 우리가 사용할 수 있는 언어의 범위가 곧 인식할 수 있는 세계의 범위를 결정한다는 의미다. 여기서 언어는 소통의 도구를 넘어 자기 자신과 나누는 내면의 대화도 포함한다. 그는 자신과의 대화가 곧 자신의 세계를 구성한다고 봤다. 그가 1931년 11월 남긴 일기에서도 이런 태도가 잘 드러난다.

"자신에게 집중하라. 타인의 시선을 의식하지 말고, 온전히 나자신을 들여다보라."

비트겐슈타인은 삶의 문제와 고민이 있을 때 가장 먼저 돌아봐야 할 대상이 자기 자신임을 강조했다. 어떤 변화도 자기 성찰이 없으면 결국 또 다른 문제를 낳을 뿐이다. 그는 철학이 고정된 답을 찾는 것이 아니라 끊임없이 질문하고 검토하는 과정임을 깨달았다.

비트겐슈타인에게 자기 대화는 사고를 정리하는 과정이었다. 그는 자신의 생각을 명확히 하기 위해 끊임없이 글을 썼고, 이를 통해 내면과의 대화를 이어 갔다. 1930년 10월 8일, 그는 일기에 이렇게 적었다.

"이 글을 쓰는 이유는 그저 나 자신에게 말을 걸기 위해서다. 이제야 비로소 철저히 혼자가 됐다고, 그리고 점점 더 깊이 나 자신과의 대화 속으로 들어가야 한다고 말할 수 있겠다."

비트겐슈타인에게 글쓰기는 자신과의 대화를 구체적으로 실천하는 도구였다. 그는 타인의 평가를 의식하지 않았다. 오로지 내면의 목소리에 귀 기울이기 위해 글을 썼다. 이를 통해 감정과 사유의 흐름을 명확히 정리하고, 내면의 혼란을 다듬을 수 있었다.

또한 그의 철학은 삶 속에서 실천하는 철학이었다. 그는 불안과 고독을 외면하지 않고 철저한 성찰과 기록을 통해 적극적으로 마주했다. 자신과의 대화가 깊어질수록, 그의 사고는 더욱 명료해졌다.

자신과의 대화는 거울을 통해 자기 모습을 비춰 보는 과정과 닮았다. 거울 없이 자신을 본다면 '이럴 것이다'라고 머릿속으로 상상할 뿐이다. 그러나 거울을 마주하면 예상과 다른 모습이 드러나 당황하기도 하고, 때론 만족감을 느끼기도 한다.

'내가 이 정도로 분노하고 있었나?'
'생각보다 내가 이 일을 중요하게 여기고 있네?'

혼잣말도 다르지 않다. 말로 표현해 보기 전에는 몰랐던 감정과 생각들은 나에게 내뱉는 한마디에서 의외의 모습으로 드러난다. 자신과의 대화는 자기 성찰의 깊이를 더한다. 우리는 대화를 통해 내가 무엇에 집착하는지, 왜 특정 상황에서 과민 반응을 하는지 깨닫는다. 그러다 보면 문제의 근본적인 원인까지 도달할 수 있다. 나를 들여다보는 과정이 불편하고 어렵더라도 대화를 멈춰서는 안 된다. 그 과정을 통해 자신을 더욱 명확히 이해하고, 삶의 방향을 능동적으로 설정할 수 있다.

자신과의 대화에서 얻은 통찰은 타인과의 관계에도 큰 영향을 미친다. 자신과 관계 맺는 방식이 달라지면 타인과 관계 맺는 태도도 바뀌기 때문이다. 자기감정을 제대로 이해하지 못하면 갈등 상황에서 과도하게 반응하거나 반대로 무감각하게 대응하기 쉽다. 하지만 스스로의 감정을 깊이 들여다보고 이해하면 타인과의 관계에서도 균형 잡힌 태도를 유지할 수 있다.

자신과의 대화를 멈추지 않을 때 삶은 더 선명해진다. 나아가야 할 길이 보이기 시작한다. 물론 이 과정은 쉽지 않다. 그래서 깊은 질문이 필요하다. 깊은 질문이 깊은 답을 만들기 때문이다. 때로는 불안과 혼란이 밀려오고 확신이 흔들릴 수도 있다. 그럼에도 나와 마주하는 시간 속에서 점점 더 명확한 방향을 발견하게 된다. 스스로 묻고 스스로 답하는 과정에서 온전한 나 자신으로 나아가는 것이다.

나는 누구의 목소리로 살아가고 있는가?
마지막으로 나와 대화한 것은 언제였는가?

11

어떤 말들은 시간이 지나야
그 의미를 깨닫는다

—

말의 무게

"우리는 종종 말을 하고 난 뒤 나중에야 그 말이 얼마나 참인지
알게 된다."

〈1914년 10월 10일 일기〉

　말은 삶에서 강력한 도구 중 하나다. 우리는 말을 통해 생각을
표현하고, 관계를 맺으며, 세상을 이해하고 형성한다. 하지만 내
가 하는 말이 어떤 의미를 갖는지 깊이 고민하지 않은 채 말을
쉽게 하는 경우도 많다. 순간의 감정에 휩쓸려 내뱉은 한마디가
시간이 지나면서 예상치 못한 무게로 다가오기도 하고, 의미 없

이 흘려보낸 말이 나중에는 깊은 후회로 돌아오기도 한다.

말의 무게는 즉시 드러나지 않는다. 어떤 말은 시간이 지나야 참된 의미가 밝혀지고, 또 어떤 말은 시간이 지나면서 가벼움이 드러난다. 나중에야 그 말이 상대에게 어떤 영향을 미쳤는지, 스스로에게 어떤 진실을 말하고 있었는지를 깨닫게 된다. 즉 말은 우리의 사고와 감정을 담아내는 그릇이므로 말에 담긴 의미와 영향을 깊이 고민해야 한다.

비트겐슈타인이 직설할 수밖에 없었던 이유

비트겐슈타인의 말은 직선적이었다. 그는 누구에게든 가감 없이 자신의 생각을 전했다. 듣기 좋은 말이나 예의를 지키는 표현보다 진실을 명확하게 전달하는 것을 우선했다.

그의 직설적인 화법은 철학적 태도와 개인적 성향에서 비롯됐다. 그는 언어의 명확성을 중시했으며 애매하거나 장식적인 표현을 배제했다. 감정보다는 사실과 논리를 중요시하는 성향도 그의 말투에 영향을 미쳤다. 그는 형식적이고 추상적인 철학보다 본질적인 문제를 직접 다루는 것을 선호했고, 말의 본질이 정확한 의미 전달에 있다고 믿었다. 상대의 기분을 고려하기보다 의미를 우선 전달하는 것이 더 중요하다고 생각했다. 그러나 이런 태도는 종종 주변 사람들에게 거부감을 줬고 또한 많은 갈등을 초래했다.

케임브리지대학교에서 그의 재능을 알아본 러셀은 논리학 교수 W. E. 존슨의 수업을 추천했다. 그러나 비트겐슈타인은 첫 강의를 듣고 이렇게 단정 지었다.

"그에게서 아무것도 배울 것이 없다는 사실을 나는 깨달았다."

그 말을 듣고 자존심이 상한 존슨은 러셀에게 더 이상 그를 가르칠 수 없다고 말했다. 스승이었던 러셀과의 관계도 다르지 않았다. 비트겐슈타인은 그와 러셀의 철학관에 본질적인 차이가 있다고 느껴 속마음을 토로하고, 관점의 차이를 극복하지 못한 채 결별을 선언한다.

"끝없이 불완전하고 혼란스러운 것들만 마주하는 것에 지쳐 버렸습니다. 지금까지의 내 삶은 엉망이었는데, 앞으로도 이 혼란이 계속돼야만 하는 걸까요?"

무어와의 관계도 마찬가지였다. 1913년, 비트겐슈타인은 노르웨이의 오두막으로 무어를 초대해 자신이 논리 철학을 구술하고 무어가 받아 적도록 했다. 그러나 그는 무어를 존중하지 않고 일

방적으로 대했다.

"능력 없는 사람이 학문할 때 어떻게 될지는 무어를 보면 된다."

이 말 때문에 둘의 관계는 결국 틀어진다. 비트겐슈타인의 가감 없는 말은 때로는 관계를 단절하고 오해를 낳기도 했다. 그러나 전쟁터에서 그는 새로운 깨달음을 얻었다. 1914년 10월 10일, 그는 일기에 이렇게 적었다.

"우리는 종종 말을 하고 난 뒤 나중에야 그 말이 얼마나 참인지 알게 된다."

비트겐슈타인은 이전까지 자신이 내뱉은 말이 즉각 확신에서 나온 것이라 믿었다. 그러나 세월이 지나면서 그는 말이 어느 정도 시간이 흐른 뒤에 진정한 의미를 드러내기도 한다는 사실을 깨닫게 됐다.

말이 상처가 될 수도
위로가 될 수도 있다는 깨달음

비트겐슈타인은 언제나 직설적으로 말하며 타인에게 상처를 주기 일쑤였다. 그러나 그 자신도 말에 상처받는 순간이 있었다. 전쟁터에서 극심한 외로움과 우울 속에서 그는 점점 예민해졌다. 1914년 11월 14일, 그는 일기에 이렇게 적었다.

"이유도 없이 우울하다. 삶에서 어떤 기쁨도 느낄 수 없다. 사소한 말 한마디에도 쉽게 상처받는다. 아무런 이유도 없이 말이다."

비트겐슈타인은 날카로운 언어로 세상을 대했지만 그 역시 말에 깊이 상처받는 사람이기도 했다. 그는 시간이 흐르며 말이 단순한 논리적 표현뿐만 아니라 타인에게 위로와 희망을 줄 수 있는 도구임을 깨달았다.

제2차 세계 대전 중 가이 병원에서 자원 봉사하던 시절 그는 친구 롤런트 허트에게 편지를 보냈다. 당시 그는 제자인 프랜시스 스키너를 잃고 상실감이 깊었고 허트는 그에게 따뜻한 말로 위로를 건넸다.

"네가 진심으로 건넨 한마디가 논리적으로 정리된 세 마디의 글보다 내게 더 깊은 의미를 가진다."

비트겐슈타인은 논리와 이성을 중시하던 철학자였지만, 진심 어린 말 한마디가 때로는 논리적 사고보다 의미가 더 클 수 있음을 인정했다. 말은 진심 어린 마음을 담을 때 비로소 그 가치가 드러난다는 것을 깨달은 것이다. 그는 이후 점점 더 따뜻한 언어를 사용하기 시작했다. 1944년, 철학을 가르치는 일에 좌절한 제자 러시 시스에게 보낸 편지에서도 그는 공감과 위로를 전했다.

"네가 어려운 환경에서 일하고 있다니 안타깝다. 하지만 포기하거나 절망하지 않기를 바란다. 솔직히 말하면, 나야말로 누구보다 먼저 도망치고 싶을지도 모른다. 하지만 그럼에도 불구하고, (…) 스스로를 다잡고 버텨 내길 바란다."

비트겐슈타인은 시간이 흐르면서 말이 사람에게 상처 입히는 무기가 될 수도 있고, 누군가를 지탱하는 힘이 될 수도 있음을 깊이 이해했다. 언어의 무게를 누구보다 실감했던 그는 말로 사람들에게 위로를 전하는 존재로 서서히 변화해 갔다.

그가 이렇게 변한 이유는 삶과 철학이 바뀌었기 때문이다. 그는 전쟁터에서 생사의 갈림길을 경험했다. 극도의 외로움과 상실을 겪으며 언어가 단순히 진리 전달의 도구가 아니라 인간의 고통을 어루만지고 관계를 형성하는 매개체임을 깨달은 것이다.

철학적 연구의 변화도 그의 언어를 바꾸는 계기가 됐다. 그는 전기 철학에서 언어를 논리적으로 명확히 규정하려 했다. 하지만 후기 철학에서 언어는 의미가 고정된 것이 아니라 사용되는 맥락에서 형성된다고 강조했다. 이 변화 역시 그의 말에 반영됐다. 차가운 논리와 직설적 표현에서 벗어나 공감과 이해가 깃든 언어로 말이다.

그는 더 이상 날카로운 말로 상대를 몰아붙이는 사람이 아니었다. 대신 자신의 언어로 타인의 아픔을 어루만질 수 있는, 진심이 담긴 한마디가 지닌 힘을 믿는 철학자로 변해 갔다.

마흔,
말의 무게를 생각하라

마흔이 되면 말의 무게를 실감하게 된다. 말은 생각과 감정을 담고, 관계를 맺고, 삶을 형성한다. 하지만 동시에 누군가에게 상처 입힐 수 있는 가장 날카로운 가시가 되기도 한다. 젊을 때 쉽게 흘려보냈던 말들이 시간이 흐르며 마음에 남고, 어떤 말은 오래 지난 후에야 비로소 그 진심을 깨닫게 된다.

빠른 소통이 이뤄지는 시대일수록 말의 가벼움에 익숙해지기 쉽다. 짧은 메시지, SNS 댓글, 즉흥적인 대화 속에서 우리는 종종 깊이 생각하지 않고 말을 내뱉는다. 특히 익명성 뒤에 숨은 말 한마디가 누군가에게 깊은 상처를 남길 수 있다는 사실을 잊곤 한다. 하지만 말은 쉽게 사라지지 않는다. 듣는 이의 마음에 남아 오랜 시간 살아 숨 쉬며, 결국 그에 따른 결실을 거둔다.

말의 씨앗은 마음속에서 자라나 꽃을 피우고 열매를 맺는다. 열매가 위로와 용기, 희망과 긍정이 될지 상처와 후회로 남을지는 처음 말한 사람조차 알 수 없다. 그러나 좋은 말의 씨앗이 무엇인지는 분명하다. 오랜 시간이 흘러도 상대에게 힘이 되고, 따뜻한 기억으로 남는 말이 그것이다. 그러니 내가 하는 말이 상대에게 어떤 영향을 미칠지를 항상 생각해야 한다. 때로는 논리보다 진심이, 화려한 표현보다 솔직하고 따뜻한 한마디가 더 큰 힘을 가질 때가 있다.

어떤 말을 듣고 어떤 말을 하느냐가 성장과 인간관계를 결정짓는다. 그러니 말의 무게를 가볍게 여기지 말자. 내가 하는 말이 상대의 마음속에서 어떤 의미로 남을지 한 번 더 생각해 보자. 그리고 신중하게, 따뜻하게 말하자. 그 말이 결국 나를 만들고 내 주변을 이루게 될 테니.

당신의 말은 허공에 흩어지는 바람인가?
아니면 깊이 뿌리내려 자리를 지키는 나무인가?

12

고립되지
마라

—

소통

"희망 없는 시골에서 교사로 살아가는 것이 이토록 힘들 줄은 몰랐습니다. 이곳에서는 단 한마디라도 이성적인 대화를 나눌 수 있는 영혼을 찾기 어렵습니다. 이 고독을 얼마나 더 견딜 수 있을지 오직 신만이 알고 계실 것입니다."

〈1922년 2월, 러셀에게 보낸 편지〉

인간은 사회적 존재다. 우리는 관계 속에서 의미를 찾고, 타인과의 대화를 통해 사고를 확장하며, 소통을 통해 자신의 존재를 확인한다. 마흔이 되면 사회 속의 관계가 더 이상 단순하지 않다는 걸 체감한다. 일과 가정, 친구와 사회적 역할 사이에서 단단히 연결된 것 같아도 정작 진정한 소통은 점점 줄어든다. 말은 조심스러워지고 마음은 점점 고립된다.

1920년대, 비트겐슈타인은 대학을 떠나 오스트리아의 시골에서 교사로 일했다. 그는 자신만의 이상을 가지고 학생들을 가르치려 했다. 하지만 현실은 그가 꿈꾸던 것과는 달랐다. 마을 사람들은 그의 교육 방식을 이해하지 못했다. 학생들도 그의 가르침을 받아들이기 어려워했다. 결국 그는 철저히 고립됐다. 그가 러셀에게 보낸 편지는 단순한 불평이 아니다. 소통 없는 삶이 한 인간에게 얼마나 큰 고통을 줄 수 있는지를 보여 주는 절규였다.

같은 말도 서로 다른 의미로 이해하는 괴리감에 대하여

비트겐슈타인은 평생 언어의 본질을 탐구했다. 그는 언어가 세계를 이해하는 틀이자 사고를 형성하는 방식이라고 봤다. 우리는 언어를 통해 현실을 인식하고 타인과 관계를 맺는다. 그러나 그가 오스트리아 시골에서 교사로 일할 때 경험한 현실은 달랐다.

그는 마을 사람들과 말을 주고받을 수 있었지만, 사고를 공유할 수는 없었다. 그의 철학적 사고방식과 주변 사람들의 삶의 방식에는 좁힐 수 없는 간극이 존재했다. 같은 언어를 사용해도 서로를 이해할 수 없는 순간이 있다는 것을 경험한 것이다. 그는 극도의 소외감을 느끼기에 이른다. 1916년, 제1차 세계 대전 중 그는 일기에 이렇게 적었다.

"행복하게 살기 위해서는 세계와 조화를 이뤄야 한다. 이것이 곧 행복의 본질이다. 나는 마치 외부의 의지에 의해 움직이는 듯하지만, 실은 그 흐름 속에서 온전히 조화를 이루고 있다."

비트겐슈타인에게 행복이란 자신을 둘러싼 세계와 조화를 이루는 것이었고, 그 조화의 핵심은 소통이었다. 우리는 타인과 서로를 이해하고 공감할 때 비로소 온전한 행복을 경험할 수 있다. 하지만 소통이 단절되면 세상 전체와 단절된 듯한 깊은 고립감을 느끼게 된다.

그가 경험한 외로움도 바로 이것이었다. 그는 단순히 혼자였던 것이 아니라 서로 나눈 대화가 사고를 공유하는 과정으로 이어지지 못한 것이었다. 각자 다른 세계를 살아가는 듯한 단절감은 그를 더욱 깊은 고독 속으로 몰아넣었다. 1942년, 그는 깊은 고립감 속에서 이렇게 말했다.

"나는 지금 나를 위협하는 완전한 고립의 두려움 때문에 매우 고통받고 있다. 이 삶을 어떻게 견딜 수 있을지 모르겠다."

    비트겐슈타인이 느낀 외로움은 의미를 공유할 수 있는 상대가 없다는 데서 오는 절망이었다. 하지만 그는 소통을 포기하지 않았다. 오히려 자신의 철학을 통해 이 문제를 정면으로 마주했다. 진정한 소통이란 서로의 세계를 이해하고 다리를 놓으려는 노력 속에서 비로소 이뤄진다고 생각했기 때문이다.

단절을 극복하기 위해
비트겐슈타인이 선택한 세 가지 방법

    비트겐슈타인은 소통의 단절이 얼마나 깊은 고통을 주는지 직접 경험했다. 비트겐슈타인의 독특한 세계관은 일반인과의 소통에 큰 간극을 만들었다. 제1차 세계 대전의 전쟁터에서는 부대원들과 소통하지 못하는 괴로움을 겪었고, 오스트리아 시골에서는 언어의 벽으로 인한 고립을 느꼈다. 그러나 숱한 소통의 어려움 속에서 힘든 삶을 살면서도 소통을 포기하지 않았다. 오히려 철학을 통해 소통의 본질을 탐구하고 더 깊이 있는 대화를 나누기 위한 방법을 찾고자 했다. 그가 의미 있는 소통에 도달하기 위해 선택한 첫 번째 방법은 언어의 한계를 명확히 하는 것이었다. 그는 《논고》의 마지막 명제에서 이를 한 문장으로 정리한다.

"말할 수 없는 것에 대해서는 침묵해야 한다."

비트겐슈타인에게 소통은 명확한 언어를 사용해 의미를 공유하는 과정이었다. 불분명한 개념과 모호한 표현은 오히려 오해와 혼란을 낳을 뿐이었다. 그는 사고를 명확히 하고 언어를 정리함으로써 불필요한 오해를 줄이고자 했다.

그는 두 번째로 소통을 언어 게임으로 이해하는 접근법을 제시했다. 그는 《철학적 탐구》에서 언어가 사람들이 사용하는 맥락 속에서 의미가 형성된다고 주장했다. 같은 단어라도 사용되는 환경과 목적에 따라 의미가 달라질 수 있다는 것이다. 그래서 상대방과 소통할 때는 단순히 단어 자체의 의미에 집중하는 것이 아니라 상대가 어떤 맥락에서 그 말을 하는지 이해하려는 노력이 필요함을 강조했다.

마지막으로, 그는 침묵의 의미를 재조명했다. 언어가 모든 것을 설명할 수 없음을 깨달은 그는 때로는 침묵 속에서 더 깊은 이해가 가능하다고 생각했다. 특히 감정적이거나 본질적인 문제에서는 말보다 분위기, 표정, 태도가 더 강한 의미를 전달할 수 있음을 인식했다. 말로 모든 것을 설명하려 애쓰기보다 함께 시간을 나누고 태도에서 배어 나오는 존중의 분위기가 오히려 더 깊은 소통을 가능케 한다는 사실을 깨달았다.

그는 상대를 이해하고 공감하는 과정이야말로 진정한 소통의 핵심이라 말한다. 상대를 있는 그대로 받아들이고 이해하려는 태도에서 진정한 소통이 시작된다는 것을 말이다.

비트겐슈타인은 외로움 속에서도 소통의 본질을 탐구하며 단절을 극복하고자 했다. 그의 고독은 단순한 물리적 외로움이 아니었다. 자기 생각을 공유할 사람이 없고, 의미를 주고받지 못하는 데서 오는 근원적 고립이었다. 그러나 그는 절망 속에서도 언어의 한계를 직시하고 보다 명확하고 진실한 대화를 추구했다.

오늘날도 우리는 이런 문제에서 자유롭지 않다. 정보 교환이 빨라진 시대지만 오히려 깊은 대화는 사라져 간다. 사람들은 서로를 친구와 팔로워로 표시하지만 실제로는 서로 감정을 나누지 못하고 살아간다. 겉으로는 엮여 있으나 실상은 고립된 채 외로움을 호소하는 현대인이 늘어만 가는 실정이다.

소통이 회복될 때 삶의 방향이 달라진다. 서로의 생각을 이해하고, 감정을 공유하고, 작은 행동으로 배려를 표현할 때 진정한 의미의 관계를 체험할 수 있다. 그 관계 속에서 삶이 더욱 풍요로워진다. 비트겐슈타인이 말했듯 행복은 세상과의 조화에서 비롯된다. 내가 속한 환경의 사람들과 깊이 연결되는 것이 곧 세상과 조화를 이루는 것이다. 인간은 관계 속에서 성장한다. 타인과의 대화를 통해 사고를 넓히고, 감정을 공유하며, 서로의 삶을 깊이 이해해 간다. 그러나 소통이 단절되면 사고는 갇히고, 감정은 메마르며, 삶의 의미는 희미해진다. 깊이 있는 대화가 사라지면 점점 더 고립되고 외로움은 커져만 간다. 그렇다면 어떻게 소통을 회복하고, 삶을 변화시킬 수 있을까?

마흔 이후 관계와 삶을 바꾸고 싶다면

첫째, 명확한 언어를 사용하라.

마흔이 되면 가정과 직장에서 책임이 늘어나고 소통해야 할 사람도 많아진다. 그런데 정작 중요한 이야기는 돌려 말하거나 '알아서 이해하겠지' 하고 넘기는 경우가 많다. 모호한 표현은 오해를 부르고, 감정이 쌓이면 결국엔 갈등이 생긴다. 기대하는 바가 있다면 분명히 말하고, 하고 싶은 말이 있다면 돌아가지 말자. 명확한 언어는 관계를 지키는 힘이다.

둘째, 상대를 이해하려고 애써라.

같은 말도 듣는 사람의 입장과 상황에 따라 전혀 다르게 받아들인다. 가령 상황에 따라 "괜찮아"라는 말은 자녀에게는 따뜻한 위로겠지만, 배우자에게는 무관심처럼 느껴질 수 있다. 진정한 소통은 내 말을 잘 전달하는 것이 아니라, 상대가 처한 맥락을 읽고 마음을 이해하려는 데서 시작된다.

말은 길이 될 수도,
벽이 될 수도 있다.

셋째, 침묵의 힘을 믿어라.

마흔의 삶에는 말보다 중요한 시간이 있다. 위로가 필요한 이에게는 조용히 곁을 지켜주는 것이 더 큰 힘이 되고, 격한 감정 앞에서는 침묵이 오히려 갈등을 식힌다. 모든 걸 말로 설명하려 하지 말자. 말보다 깊은 이해는 때로 침묵 속에서 시작된다.

소통이 바뀌면 관계가 변하고, 관계가 변하면 삶이 달라진다. 그러니 당신이 먼저 더 깊이 이해하고, 더 신중하게 말하며, 더 진심으로 듣는 소통을 시작해 보자. 그 변화가 당신의 삶을 더욱 풍요롭게 만들 것이다.

당신의 언어는 타인을 향한 다리인가?
아니면 나를 고립시키는 벽인가?

13

생각이 온전한 형태로
태어나는 일은 드물다

—

언어와 사고의 확장

"새로운 낱말은 논의의 터전에 뿌려진 신선한 씨앗과 같다."

《문화와 가치》

마흔은 익숙함에 길들기 쉬운 나이다. 익숙한 언어로 대화하고, 익숙한 개념으로 생각하며, 익숙한 방식으로 살아가는 게 편하다. 그러다 보니 새로운 관점을 받아들이기보다 익숙한 생각을 반복하기 쉽다.

새로운 단어를 접하면 생각의 틀에 변화가 생긴다. 사고의 지평이 넓어지는 것이다. 새로운 언어는 세상을 바라보는 방식을 바꾸는 힘이 있다. 우리는 특정한 단어를 처음 접할 때 그 의미를 이해하는 과정에서 자연스럽게 새로운 관점을 탐색하기 때문이다. 비트겐슈타인은 언어가 세계를 인식하는 방식의 핵심이라고 봤다. 우리가 이해하고 표현할 수 있는 범위가 언어의 한계 안에서 결정된다는 것이다. 그는 이렇게 말했다.

"새로운 낱말은 논의의 터전에 뿌려진 신선한 씨앗과 같다."

비트겐슈타인의 말처럼 단어는 사고를 확장하는 도구다. 각 단어에는 그 안에 사고와 감정, 문화적 맥락이 스며들어 있다. 새로운 단어를 익히는 것은 그 단어가 품은 의미와 세계를 받아들이는 과정이다. 낯선 단어, 낯선 문장 하나가 사고의 폭을 넓히고, 새로운 관점을 열어 주는 이유도 여기에 있다. 결국 새로운 단어를 받아들이는 것은 더 깊이 사고하고 세상을 더욱 풍부하게 이해하는 첫걸음이다.

내가 쓰는 단어가
내 사고와 세계의 깊이를 결정한다

비트겐슈타인은 언어가 사고를 규정한다고 봤다. 우리가 사용하는 단어가 곧 우리의 생각을 형성하는 틀이 된다는 것이다. 그는 단어의 역할을 '탐침(探針)'에 비유했다.

"단어는 탐침과 같다. 어떤 단어는 깊은 곳까지 파고들어 의미의 본질을 건드리지만, 어떤 단어는 표면을 스칠 뿐이다."

어떤 단어는 단순한 의미 전달에 그친다. 하지만 어떤 단어는 사고의 층을 뚫고 더 깊은 본질에 다가가게 한다. 비트겐슈타인은 이를 탐침에 비유하며 단어의 쓰임과 맥락이 사고의 깊이를 결정한다고 말했다.

그는 한때 철학을 떠나 오스트리아의 작은 시골 마을에서 초등학교 교사로 일했다. 그는 《논고》를 발표한 후 자신의 철학이 현실에서 얼마나 적용될 수 있는지 고민했다. 그래서 철학적 탐구가 인간의 삶을 얼마나 바꿀 수 있는지 직접 검증하고자 했다. 그는 철학을 내려놓고 언어를 가르치는 교사가 됐다.

비트겐슈타인은 학생들에게 단어를 가르칠 때 추상적인 설명을 배제하고 실제 생활에서 언어가 사용되는 방식을 강조했다. 예를 들어, 의자라는 단어를 정의하는 대신에 아이들이 직접 의자에 앉고 그것을 말로 설명하는 과정을 통해 개념을 자연스럽게 습득하도록 유도했다. 이런 경험은 그가 생전에 펴낸 두 번째 책 《초등학교 낱말사전》의 기반이 됐다. 언어의 의미는 고정된 것이 아니라 사용되는 맥락 속에서 형성된다는 점을 깨닫기 시작한 것이다.

　얼마 후, 그는 교사 생활이 자신에게 맞지 않다고 느꼈다. 학생 체벌로 인해 문제가 생겨 교사 생활을 유지하기 힘들었던 점도 있었다. 그는 보다 깊은 탐구를 이어 가고자 다시 철학으로 돌아왔다. 케임브리지대학교로 복귀한 것이다.
　그는 《철학적 탐구》를 집필하며 전기 철학의 입장을 수정하고 확장했다. 언어의 본질을 명제 논리가 아니라, 맥락 속에서 의미가 결정되는 개념인 '언어 게임'으로 정리했다. 그가 주장한 언어 게임 개념은 이후 현대 언어 철학의 중요한 기반이 됐다.

　비트겐슈타인은 언어와 사고가 분리될 수 없다고 봤다. 그는 우리가 무엇을 어떻게 생각하는지도 언어가 결정한다고 말했다. 언어가 사고의 형식을 만들고 그 한계를 규정하기 때문이다. 즉 우리는 언어의 범위 안에서만 사고할 수 있으며 언어를 통해서만 생각을 명확히 정리할 수 있다는 것이다. 그는 그 의미를 다음과 같이 설명했다.

　"나의 사유는 온전한 형태로 태어나는 일이 드물다. 어떤 생각은 처음부터 뒤틀리거나 부려져 있고, 어떤 것은 미숙한 상태로 언어

속에서 홀로 살아갈 준비가 돼 있지 않다. 마치 갓 태어난 태아처럼 문장도 불완전한 형태로 나오며, 가장 중요한 부분이 아직 갖춰지지 않은 상태에서 비로소 세상에 나온다."

비트겐슈타인은 사고가 처음부터 완전한 형태로 존재하는 것이 아니라 언어를 통해 점차 다듬어진다고 봤다. 생각은 그것을 언어로 표현하는 과정에서 더 명확해지고 깊어지는 것이다. 단어의 의미는 사용하는 방식에 따라 끊임없이 변화하고 확장된다. 따라서 언어를 통해 사고를 발전시키려면 단어의 맥락과 의미를 깊이 탐구해야 한다. 그는 이렇게 말했다.

"사유는 언어 안에서 발전한다."

이는 사고를 깊이 탐구하려면 관련된 단어를 명확히 이해하고 표현해야 한다는 뜻이다. 생각을 말이나 글로 정리하는 과정에서 논리가 형성되고 개념이 점점 더 정교해지기 때문이다. 처음 떠오른 생각은 막연할 수 있다. 그러나 이를 언어를 통해 표현하다 보면 점점 선명해지는 것을 느낄 수 있다. 글을 쓰거나 말로 정리할 때 논리적인 흐름이 만들어지고 의미가 구체화되는 것처럼 말이다.

말을
다듬어라

우리가 사용하는 언어가 사고를 규정한다면, 더 깊이 있는 사고를 하기 위해 무엇을 해야 할까? 답은 명확하다. 사용하는 언어를 정교하게 다듬으면 된다. 깊이 있는 언어를 사용할수록 사고의 구조도 정밀해지고, 세상을 바라보는 방식도 더 깊어질 수밖에 없다. 반대로 피상적이고 즉흥적인 언어에 익숙해지면 사고 역시 가벼워진다. 그렇다면 어떻게 언어를 통해 사고의 깊이를 더할 수 있을까?

첫째, 새로운 개념어를 꾸준히 익혀라.

단순히 단어의 뜻을 아는 것이 아니라, 그 개념이 형성된 배경과 철학적 맥락까지 탐구해야 한다. 예를 들어, '사회적 자본'이나 '인지 편향' 같은 개념을 배울 때, 그 개념이 실제 사회에서 어떻게 작동하는지 고민해 보는 것이 중요하다. 개념어를 익히는 과정이 곧 사고의 틀을 확장하는 과정이 되기 때문이다.

둘째, 배운 개념을 자신의 언어로 정리해라.

새로운 개념을 깊이 이해하는 가장 좋은 방법은 그것을 자신의 말로 풀어 보는 것이다. 일기나 에세이를 작성하며 개념을 정리하는 습관을 들여 보자. 예를 들어, 한 문장을 읽고 "이 문장을 내 언어로 다시 표현한다면?"이라는 질문을 던지며 기록해 보는 것도 좋은 방법이다. 이렇게 언어를 재구성하는 과정에서 개념을 더욱 깊이 이해하고 새로운 의미를 발견할 수 있다.

셋째, 대화에서 사용한 언어의 의미를 곱씹어라.

일상적인 대화에서도 사용하는 단어의 의미를 한 번 더 생각하고, 보다 정교한 표현을 선택하는 연습을 하자. 같은 뜻이라도 조금 더 깊이 있는 단어를 선택하면 사고의 수준이 달라진다. 말한마디를 할 때도 그 안에 담긴 개념과 맥락을 고민하는 습관이 중요하다.

넷째, 낯선 분야의 언어를 접해라.

우리는 익숙한 단어와 개념에 갇히기 쉽다. 그러니 철학, 과학, 예술 등 다양한 분야의 용어를 학습하면서 사고의 폭을 넓히자. 새로운 개념을 접했을 때 원문을 읽거나 해당 개념을 연구한 학자의 시각을 참고하는 것도 좋은 방법이 될 수 있다.

사고를 확장하고 삶의 깊이를 더하고 싶다면 단어를 가볍게 흘려보내지 말아야 한다. 우리가 선택하는 언어가 우리의 사고를 만들고, 그 사고가 곧 우리의 삶을 형성하기 때문이다.

결국 내가 쓰는 언어가 나의 세계를 만든다. 단어 하나가 사고

의 씨앗이 돼 자라고, 사고의 깊이가 삶을 더욱 단단하게 만들어
준다. 새로운 단어를 접하고, 그것을 자신의 언어로 정리하며, 깊
이 있는 사고를 훈련할 때 우리의 삶 역시 더욱 깊어진다.

삶을 변화시키고 싶다면, 자신이 사용하는 단어부터 돌아보자.
언어를 정교하게 다듬는 것은 곧 삶을 정교하게 만드는 과정이
니까.

당신은 어떤 언어를 쓰며 세상을 살아가는가?
익숙한 언어에 갇혀 살고 있지는 않은가?

14

잘 쓴 문장에는
뇌와 심장이 녹아 있다

—

글쓰기

"올바로 쓴 문장에는 마치 심장 또는 뇌의 한 조각이 떨어져 나와 종이 위에 내려앉는 듯한 느낌이 있다. 나의 문장은 대부분 내게 일어난 시각 이미지를 기술한 것이라고 생각한다."

〈1931년 10월 31일 일기〉

마흔 이후부터는 회사의 업무, 자녀에게 남기는 메시지 등 생각을 글로 풀어야 할 순간이 자주 온다. 하지만 글쓰기의 중요성을 알아도 막상 펜을 들면 생각은 흐트러지고 감정은 쉽게 표현되지 않는다. 수면 아래 떠다니는 그림자를 붙잡는 것만 같다.

머릿속에 담긴 것들을 글로 써 내려가다 보면 점차 형태를 갖추고 의미를 얻는다. 흔히 글쓰기를 생각을 정리하거나 정보를 전달하는 수단 정도로 생각한다. 실용적인 도구로만 여기는 것이다. 하지만 비트겐슈타인에게 글쓰기는 내면의 풍경을 그리는 일이었다. 그는 말보다 글로 사고를 정리하며 마음속 세계를 더욱 선명하게 그려 냈다. 그에게 문장을 쓰는 행위는 자신의 정신과 감정을 종이 위에 새기는 과정이었다. 올바로 쓴 문장에는 글쓴이의 사유가 응축돼 있으며 그 안에는 깊은 사색과 삶의 흔적이 담겨 있다. 한 문장을 쓰는 것은 곧 내면을 꺼내 세상과 마주하는 일이었다.

글은 어떻게
써야 하는가?

비트겐슈타인에게 글쓰기는 단순한 기록이 아니었다. 그는 글을 통해 내면을 탐색하고, 사고를 정리하며, 철학적 사유를 구체화했다. 그의 문장은 장황한 설명이 아니라 짧고 명확한 단문으로, 사고의 본질을 포착하려는 시도였다. 그는 불필요한 수식을 배제하고 생각의 핵심을 단순한 문장 속에 압축했다.

그는 사고와 언어가 분리될 수 없다고 봤다. 생각은 머릿속에서 막연하게 떠오르지만 언어로 표현될 때 비로소 명확한 형태를 갖춘다. 말로 표현되지 않은 사고는 흐릿하고 정돈되지 않은 상태에 머물지만 글로 써 내려가면 점차 구조를 갖추고 논리적으로 다듬어진다. 그는 글을 통해 사고를 정교하게 조각했다.

그는 개념이 명확하지 않을 때 같은 문장을 반복해서 수정하며 의미가 또렷해질 때까지 끊임없이 다듬었다. 명확한 문장을 찾아가는 과정은 곧 명확한 사고를 찾아가는 과정이기도 했다. 그는 불필요한 수식을 걷어 내고 본질만 남기는 글쓰기를 추구했다. 문장은 단순해야 하며 독자가 쉽게 이해할 수 있어야 한다고 믿었다. 그의 글은 독자에게 직접적인 답을 주기보다는 사고의 단서를 제공하고 스스로 생각하도록 유도하는 방식이었다.

그는 글쓰기가 사고를 명확히 하는 동시에 언어의 한계를 드러낸다는 점도 인식했다. 세상에는 언어로 표현할 수 없는 것이 분명히 존재하며, 이를 함부로 말하는 것은 철학적으로 위험하다고 봤다. 그는 글을 쓰면서 언어의 경계를 시험하고 철학적 사고를 정리하는 동시에 그 한계를 직시했다.

극한의 상황에서도 놓지 않은 철학의 의지

비트겐슈타인은 제1차 세계 대전이 발발하자 자원 입대했다. 전쟁터는 생존조차 기약하기 어려운 극한의 환경이었다. 그는 매일 일기를 썼다. 포탄이 터지는 소음 속에서도 사고를 멈추지 않고 글을 통해 자신의 내면을 기록했다. 전쟁 통에서의 집필 활동은 삶과 철학을 끝까지 탐구하겠다는 의지의 표현이었다.

그의 전쟁 일기는 두 가지로 나뉜다. 하나는 전장의 현실과 자신의 감정을 기록한 개인적인 글, 다른 하나는 철학적 사색을 담은 글이었다. 후자의 글은 훗날 대표작 《논고》의 토대가 된다.

그는 전쟁터에서도 글을 쓰며 사고를 정리했다. 생각이 명확하지 않다면 그것은 아직 충분히 글로 정리되지 않았기 때문이라고 봤다. 그는 이를 다음과 같이 표현했다.

"나는 펜을 통해 생각한다. 때로는 내 손이 써 내려가는 것을 내 머리가 따라가지 못할 때도 있다."

머릿속에서 흐릿하게 떠오르는 생각들은 글로 옮기는 순간 선명한 형태를 갖추기 시작했다. 때로는 손이 먼저 사고를 이끌어가기도 했다. 전장의 혼돈 속에서도 그는 글을 통해 내면의 질서를 찾았고, 그 과정에서 사고가 더욱 단단해졌다. 그렇게 써 내려간 문장들은 결국 그의 철학을 구성하는 중요한 기둥이 됐다. 또한 글은 자기 성찰의 도구이기도 했다. 그는 감정과 도덕적 고민을 기록하며 자신을 객관적으로 들여다보고, 하루를 돌아보며 삶의 방향을 점검했다.

우리는 죽음이 눈앞에 아른거릴 때에도
끊임없이 삶을 사유해야 한다.

"올바로 쓴 문장에는 마치 심장 또는 뇌의 한 조각이 떨어져 나와 종이 위에 내려앉는 듯한 느낌이 있다."

비트겐슈타인은 글에 자신의 존재를 온전히 담았다. 그것은 내면에서 길어 올린 진실의 조각이었다. 그렇게 써 내려간 글은 자신을 비추는 거울이 됐다. 그에게 글쓰기는 자기 자신과 끊임없이 대화하는 과정이었고, 내면의 풍경을 그려 내는 일이었고, 스스로를 탐색하고 다듬는 여정이었다. 그는 글을 통해 생각을 정리하고, 감정을 탐구하며, 자신의 철학을 더욱 깊이 이해했다.

비트겐슈타인은 언어가 가진 힘과 한계를 직접 경험한 철학자였다. 대표작 《논고》에서 그는 "명확히 표현할 수 있는 것"과 "표현할 수 없는 것"을 구분하며, 언어가 어디까지 세계를 담을 수 있는지 탐구했다. 후기 철학에서는 언어 게임 개념을 통해 언어가 실제 삶에서 어떻게 사용되는지를 분석하며 언어가 우리의 사고와 행동을 형성하는 방식을 탐구했다.

그가 쓴 글은 단순한 철학적 논증이 아니라 현실에 뿌리내린 것이었다. 논리를 따지는 데 그치지 않고 일상에서 흔히 쓰는 말들을 예로 들며 그 말들이 어떤 의미 체계로 작동하는지 분석했다. 그는 언어가 그것이 쓰이는 상황에서 비로소 의미를 갖게 된다는 점을 강조했다. 그래서 장황한 설명을 피하고 짧고 강렬한 문장을 통해 독자가 직접 사고하도록 유도했다. 그의 짧은 문장들은 철저한 사고의 응축이며 삶과 연결된 철학적 태도의 표현이었다.

"한 사람이 쓰는 글의 위대함은 그가 글을 쓰는 방식뿐만 아니라 삶에서 어떻게 행동하느냐에 달려 있다."

비트겐슈타인의 글이 강렬한 울림을 주는 이유는 글을 통해 사고를 명확히 하고 그것을 행동으로 증명하며 살아갔기 때문이다. 철학을 현실에서 실천해야 할 지침으로 여겼기에 그의 문장은 사유의 결과물이자 삶의 흔적이 됐다.

글쓰기는
나를 발견하는 과정이다

우리는 종종 글쓰기를 '잘해야 하는 일'로 여긴다. 문장을 세련되게 만들고 논리를 정교하게 구성하는 것이 중요하다고 생각한다. 하지만 비트겐슈타인은 글쓰기를 다르게 바라봤다. 그에게 글은 자신의 내면을 탐구하고, 사고를 정리하며, 삶을 이해하는 도구였다. 그는 이렇게 말했다.

"우리는 결코 실제의 자신보다 더 참된 모습으로 글을 쓸 수 없다."

이 말은 글이 단순한 기술이 아니라 우리 자신을 비추는 거울이라는 뜻이다. 아무리 멋진 문장을 만들어도 그 안에 담긴 생각이 흐릿하면 글도 선명해질 수 없다. 결국 글쓰기는 사고의 명료함을 시험하는 과정이며 자신의 내면을 정리하는 도구다.

글을 쓴다는 것은 스스로와 대화하는 일이다. 글을 통해 우리는 자신에게 질문을 던지고, 고민하며, 때로는 답을 찾는다. 머릿속에서 떠다니던 생각들이 문장으로 정리될 때 비로소 자신의 내면을 또렷하게 들여다볼 수 있다. 막연했던 감정이 분명한 형태를 갖추고 복잡했던 사고는 단순하고 명료한 구조로 자리 잡는다.

글쓰기는 자신에게 솔직해지는 과정이다. 그러니 처음부터 완벽한 문장을 만들 필요는 없다. 중요한 것은 글을 쓰는 과정 자체가 생각을 정리하고 삶을 성찰하는 시간이 된다는 점이다. 우리는 쓰면서 자신의 마음을 더 깊이 들여다보고, 고쳐 나가면서 스스로를 더 분명하게 이해하게 된다.

글이 흐려지면 사고도 흐려지고, 글이 명확해지면 삶도 명료해진다. 우리가 글을 통해 자신을 돌아볼 수 있다면, 그것만으로도 글을 쓸 충분한 이유가 된다. 글쓰기는 삶을 단단하게 만드는 과정이자, 생각을 다듬고, 내면을 정리하며, 스스로를 발견하는 여정인 것이다.

　그러니 글쓰기를 두려워하지 말자. 한 문장을 쓰는 일은 한 걸음을 내딛는 것과 같다. 어렵더라도 한 문장씩 써 내려가다 보면 어느 순간 더 선명해진 자신과 마주하게 될 것이다. 삶이 불명확하게 느껴질 때, 생각이 복잡할 때, 어디로 가야 할지 고민될 때 글을 써 보자. 당신은 분명 더 나은 길을 찾을 수 있을 것이다.

당신의 생각은 어떻게 글로 표현되는가?
당신의 글은 당신을 얼마나 투영하고 있는가?

3장

•

얼마나 깊이
생각해야 하는가

비트겐슈타인의 사유

Ludwig Josef Johann Wittgenstein

15

생각하는 법은
가르쳐 줄 수 없다

—

이해

"문장은 적절한 속도로 읽어야 비로소 온전히 이해될 수 있다.
내 문장들은 천천히 읽을 때만 그 의미가 드러난다."

《문화와 가치》

우리는 흔히 '읽는 것'과 '이해하는 것'을 동일하게 생각한다. 하지만 비트겐슈타인은 두 개념을 구별했다. 그는 언어가 사고를 규정한다고 봤다. 따라서 정보를 소비하는 것에 그치지 않고 언어가 만들어 내는 의미의 관계를 깊이 들여다봐야 한다고 주장했다.

오늘날 정보의 흐름은 그 어느 때보다 빠르다. 단 몇 초 만에 수

천 개의 단어를 스캔하고, 핵심 요약만을 쫓으며, 더 많은 것을 빠르게 습득하려 한다. 독서도 예외가 아니다. 속독법이 유행하고, 책 한 권을 몇 분 만에 요약해 주는 콘텐츠가 넘쳐난다. 하지만 이렇게 빠르게 읽는 것이 정말 깊은 이해로 이어질지는 의문이다.

비트겐슈타인은 읽기의 속도를 고민했다. 그는 자신의 문장을 두고 "천천히 읽어야만 이해할 수 있다"고 말했다. 이는 그의 글이 난해하기 때문이 아니다. 깊이 있는 이해는 속도가 아니라 사유의 과정에서만 가능하기 때문이다.

깊이 읽고 멈춰서 사유할 때
비로소 보이는 것

비트겐슈타인의 문장은 짧고 단순한 단어로 이뤄져 있다. 하지만 그 의미는 결코 단순하지 않다. 그의 글을 읽는 이는 종종 한 문장에서 멈추게 된다. 그의 말이 직관적으로 이해하기 어려운 이유는 독자가 스스로 생각하고 해석하도록 글을 구성했기 때문이다.

그는 독자가 문장을 곱씹고 다시 읽으며 스스로 의미를 발견하기를 원했다. 천천히 따라가며 사고의 흐름을 경험할 때 비로소 그의 글은 의미를 드러낸다. 그의 문장은 마치 철학적 퍼즐처럼 구성돼 있어 표면만 따라가서는 핵심을 놓치기 쉽다. 한 문장을 신중히 음미하며 사고의 흐름을 따라갈 때 깊은 의미가 드러난다. 그래서 그는 천천히 읽으라고 끊임없이 강조했다.

반대로 문장을 빠르게 훑고 지나치면 사고의 흐름이 단절된다. 문장이 던지는 질문을 놓칠 수도 있다. 한 문장에 머물며 충분히 곱씹을 때 사유의 연쇄가 이어지고 깊이 있는 이해로 나아갈 수 있는 것이다.

"이해란 곧 '연관을 보는 것'이다. 그렇기에 중간 고리를 발견하고 만들어 내는 일이 중요하다."

비트겐슈타인의 말처럼 깊은 이해는 단순히 한 문장을 읽는 것만으로 이뤄지지 않는다. 중요한 것은 문장과 문장 사이의 연결을 발견하고 사유의 고리를 형성하는 과정이다. 문장과 문장이 이어질 때 비로소 하나의 통찰이 형성되고 더 넓은 맥락에서 의미를 발견할 수 있기 때문이다.

천천히 읽는다는 것은 그저 속도를 늦추는 문제가 아니다. 문장을 빠르게 훑어 버리면 논리적 구조와 철학적 함의는 금세 사라진다. 하지만 한 문장을 음미하며 천천히 읽으면 보이지 않던 사유의 세계를 발견할 수 있다. 그는 이를 위해 구두점을 적극적으로 활용했다. 그는 문장 사이의 쉼표와 마침표가 독자의 사고를 멈추게 하길 바랐다.

"나는 구두점을 적극적으로 활용해 읽는 속도를 의도적으로 늦추고 싶다. 독자들이 마치 내가 읽는 것처럼 천천히 읽기를 바라기 때문이다."

비트겐슈타인에게 구두점은 독자가 잠시 멈춰 사유하도록 이끄는 지침이었다. 문장과 문장 사이의 간격에서 의미를 찾고 단어 하나하나를 곱씹으며 사고하는 과정이야말로 깊이 있는 철학적 탐구로 이어질 수 있기 때문이다. 천천히 읽는다는 것은 깊이 사유하려는 몸짓이다. 한 문장을 곱씹으며 읽으려 할 때 우리는 저자의 사고에 한 걸음 더 가까워진다. 그렇게 사고의 지평이 확장된다. 깊이가 있어야 높이도 있다. 깊이 없는 사유는 모래 위에 지은 집과 같다. 또한 표면적인 이해만으로는 단단한 사고를 구축할 수 없다. 한 문장을 깊이 파고들어야 더 넓고 더 높은 사고로 나아갈 수 있다. 깊이 읽고 깊이 사유할 때 비로소 통찰이 생긴다.

인생이 넓어지려면 깊어져야 한다

워런 버핏은 하루 대부분을 독서와 사유에 할애한다. 그의 투자 전략은 단기적인 시장 변화에 반응하는 것이 아니라 장기적인 통찰을 바탕으로 이뤄진다. 그에게 독서는 사고의 기반을 다지고 미래를 내다보는 과정이다. 또한 그는 투자를 결정할 때 감정이나 직관에 의존하지 않는다. 대신 논리적 사고와 데이터 분석, 그리고 오랜 시간 축적된 지식을 기반으로 판단한다.

일론 머스크는 근본적인 원리를 탐구하는 방식을 택한다. 그는 '제1 원리 사고(문제의 근본으로 들어가서 실체를 파악하는 것)'를 강조하며, 기존의 관념을 그대로 받아들이기보다 핵심을 분석하고 새로운 방식으로 문제를 해결한다.

제프 베이조스 역시 즉각적인 수익보다 장기적인 전략을 우선시했다. 그는 "앞으로 10년 동안 무엇이 변할 것 같은가?"라는 질문에 "앞으로 10년 동안 변하지 않을 것이 무엇인가?"라는 질문이 더 중요하고 했다. 그는 변하지 않는 본질을 깊이 이해하고 그것을 바탕으로 전략을 세웠다. 그 깊이가 아마존을 세계적인 기업으로 성장시킨 것이다.

이들은 서둘러 결정하기보다 충분한 고민과 깊이 있는 사고를 바탕으로 선택한다. 변하지 않는 본질을 이해하고, 시간을 들여 사유하며, 근본적인 원리를 탐구하고, 사고의 연결 고리를 확장하는 일에 집중한다. 속도가 아닌 깊이가 경쟁력을 만들고, 이는 결국 세상을 변화시키는 힘이 된다. 그렇게 쌓인 깊이는 단편적인 지식을 넘어 흔들리지 않는 나만의 통찰과 삶의 방향이 된다.

마흔은 더 많은 것을 알고 더 빠르게 움직여야 한다는 압박을 받는다. 하지만 속도에 매몰되다 보면 진정한 의미를 놓치기 쉽다. 깊이 사유하지 않는 지식은 쉽게 사라지고 단기적인 성과에 집중하는 삶은 방향을 잃기 마련이다. 비트겐슈타인은 케임브리지대학교에서 철학을 가르치며 제자 모리스 드루어리에게 이렇게 말했다.

　　"만약 '생각하는 법'을 가르쳐 주는 책이 있다면, 그것은 세상에서 가장 중요한 책처럼 보일 것이다. 하지만 그런 책은 존재하지 않는다. 생각하는 법은 책이 아니라 스스로의 경험과 탐구 속에서 길러지는 것이다."

　　이 말은 우리가 사유하는 힘을 길러야 하는 방식을 일깨운다. 진정한 사고는 속도가 아니라 깊이 있는 탐구에서 시작된다는 것을.

오늘 내가 하는 생각은
내 삶의 방향에 어떤 영향을 주는가?

16

누구도 나 대신 생각할 수 없다

—

자기 사고

"내 머리에 씌울 모자는 오직 나만이 쓸 수 있듯, 내 생각 또한 누구도 대신할 수 없다."

《문화와 가치》

우리는 매일 크고 작은 선택을 반복한다. 아침 식사 메뉴를 고르는 사소한 일부터 인생을 뒤흔드는 중대한 결정까지 선택의 순간은 끊임없이 찾아온다. 그렇게 마흔에 이르면, 선택의 무게가 달라진다. 하루하루의 결정이 가족과 일터 그리고 내 삶 전체에 영향을 미치기 때문이다. 그런데도 결정을 내려야 할 때마다 정답을 다른 사람에게서 찾곤 한다. 누군가 대신 결정해 주면 마음이 편하고 실패했을 때의 부담도 덜 수 있을 것 같기 때문이다. 그러나 결정이 가져올 결과에 책임을 지는 사람은 바로 자기 자신이다. 아무리 친밀한 관계도 내 감정과 경험을 온전히 이해할 수 없듯 내 생각 또한 누구도 대신해 줄 수 없다. 자기 사유는 본질적으로 대체 불가능한 영역이다.

자신에게 평생
질문한 철학자

비트겐슈타인은 평생 자신의 방식으로 사유하며 전통 철학이나 타인의 권위에 기대지 않고 사고의 본질을 탐구했다. 그는 철학이 기존 개념을 분석하는 것에 그치지 않고 스스로 질문을 던지고 깊이 파고들어야 한다고 생각했다. 그는 말한다.

"생각할 수 있는 것은 분명하게 사고할 수 있으며, 말로 표현할 수 있는 것은 명확하게 전달할 수 있다."

이는 사고의 모호함에 안주하지 말라는 경고이기도 하다. 비트겐슈타인의 철학에서 가장 중요한 것은 자기 사유였다. 그는 사고를 끊임없이 의문을 던지고 기존의 틀을 점검하는 과정이라고 봤다. 《확실성에 대하여》에서 그는 이렇게 말한다.

"무언가를 안다고 확신하는 순간 더 깊이 탐구하려는 노력은 멈추고 만다."

비트겐슈타인은 확신이 사고를 멈추게 하는 가장 큰 장애라고 지적했다. 우리는 문제를 이해했다고 믿는 순간 더 이상 고민하지 않는 경향이 생긴다. '나는 그것을 이미 알고 있어'라고 생각한 사람들과 대화하다 보면 길을 잃기 십상이다. 서로의 말과 생각이 깊은 곳까지 이르지 못한다. 양쪽 다 답답하기는 마찬가지다. 왜 그럴까?

확신하는 사람들은 의심하지 않는다. 그렇게 사고는 성장을 멈춘다. 그는 안다고 착각하는 상태가 철학적 탐구를 가로막는다고 봤다. 이런 태도는 그의 사유 여정에서도 드러났다. 그는 특정 사상을 맹목적으로 따르는 것을 경계했다. 빠르게 결론을 내리려는 것도 좋지 않다고 여겼다. 그는 《문화와 가치》에서 이렇게 충고한다.

"철학자들은 이렇게 인사해야 한다. '서두르지 마세요.'"

생각이든 판단이든 서두르면 좋은 선택을 할 수 없다. 성급한 결론은 사고를 깊이 있게 발전시키지 못할 뿐만 아니라 문제의 본질을 보지 못하게 만든다. 그러니 비트겐슈타인의 충고처럼 중요한 결정을 내릴 때는 서두르지 않고 충분한 고민의 시간을 가져야 한다. 깊이 사고하는 습관은 삶을 더욱 주체적으로 살아가기 위한 기반이 되기 때문이다.

사고가 부족한 시대
깊이 사유하는 네 가지 방법

오늘날 우리는 무수히 많은 정보를 빠르게 접한다. 인터넷과 SNS는 원하는 정보를 실시간으로 제공하며 검색어를 입력하기만 해도 방대한 자료가 쏟아진다. 알고리즘은 우리의 관심사를 분석해 끊임없이 새로운 정보를 추천한다. 우리는 손쉽게 지식을 얻을 수 있는 시대에 살고 있다. 그러나 정보가 넘쳐나는 만큼 깊이 있는 이해를 얻고 있는지는 의문이다.

사유 없이 무분별하게 받아들인 정보는 사고의 틀을 제한한다. 알고리즘이 선별한 익숙한 정보에만 파묻히면 새로운 시각을 기를 기회를 잃어버리기 쉽다. 대부분 현대인은 편향된 정보 속에서 자신이 보고 싶은 것만 보고, 믿고 싶은 것만 믿으며, 점점 더 한정된 사고방식에 갇혀 간다. 더욱이 정보가 너무 많다 보니 깊이 생각할 여유조차 사라져 버렸다. 사고를 생략해도 될

복잡한 정보들 속에서 길을 잃었다면
이제 나의 사유 속으로 걸어가야 한다.

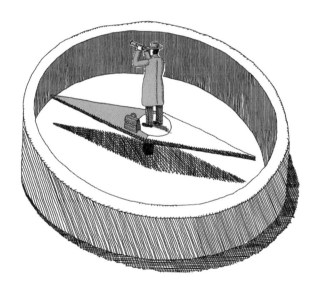

만큼 편리한 환경이 오히려 자기 사유의 능력을 약화시키고 있는 것이다. 이처럼 편향된 정보에 익숙해지면 우리는 점점 스스로 사고하기보다 남들이 내린 결론을 받아들이는 데 익숙해진다. 사고하지 않아도 되는 편리함은 자신의 생각이 아니라 타인의 판단에 의존하는 삶을 살게 만든다.

비트겐슈타인은 이런 '수동적 사유'를 경계했다. 겉핥기식 지식은 쉽게 얻을 수 있지만 진정한 자기 사유에 도달하려면 끊임없는 질문과 숙고가 필요하기 때문이다. 그러면 어떻게 해야 '스스로 사고하는 힘'을 기를 수 있을까?

첫째, 타인의 생각을 곧이곧대로 따르지 말자.

마흔이 되면 선택의 무게가 커진다. 자녀 교육, 재무 설계, 커리어 전환 등 삶의 중요한 문제 앞에서 우리는 조언을 구하고, 타인의 의견에 흔들리기 쉽다. 하지만 조언은 어디까지나 참고일 뿐, 결정과 책임은 오롯이 내 몫이다. "왜 그렇게 말할까?", "그 말은 나의 상황에도 맞을까?", "다른 시각은 없을까?"라는 질문을 나에게 던지자. 생각 없이 받아들인 타인의 말은 결국 나의 삶을 흐리게 만든다.

둘째, 자기 생각을 명확히 표현하자.

비트겐슈타인은 언어의 명확성이 곧 사고의 명확성이라고 봤다. 모호한 언어는 오해를 낳고 결국 스스로를 혼란에 빠뜨린다. 감정이나 직감이 아닌, 근거 있는 언어로 말해 보자. 내가 무슨 생각을 하는지 나 스스로도 정확히 이해할 수 있어야 한다.

셋째, 서두르지 말자.

마흔의 삶은 빠르다. 그러나 중요한 결정일수록 멈추고 생각할 시간을 확보해야 한다. 충분한 사유 없이 내린 판단은 쉽게 흔들린다. "서두르지 마세요"라는 비트겐슈타인의 말은 마흔에게 정말 알맞은 충고다.

넷째, 익숙한 틀을 의심하자.

지금까지의 방식이 늘 옳은 건 아니다. '항상 그래 왔으니까' 대신 '지금 이게 나에게 맞는가'를 물어야 한다. 나만의 기준과 관점을 세우는 것, 그것이 진짜 자기 사유의 시작이다.

누구도 나 대신 생각해 줄 수 없다. 사고를 타인에게 의존하면 삶의 주도권 또한 잃게 된다. 어떤 정보에 노출되고 어떤 의견을 수용할지는 결국 자신의 사고방식에 달려 있다. 깊이 고민하지 않고 남이 내린 결론을 받아들이는 순간 자신의 삶을 능동적으로 개척할 기회를 놓치게 된다.

오늘의 사고방식이 내일의 삶을 결정한다. 깊이 생각하고 스스로 판단하는 습관을 들이자. 그래야 외부의 정보와 의견에 휘둘리지 않고 주체적으로 삶을 이끌어 갈 수 있다. 자기 사유를 단련하는 것은 더 깊고 의미 있는 삶을 살아가기 위한 필수 조건이다.

"타인은 나에게 영감을 줄 수 있지만, 대신 살아 줄 수는 없다."

내 삶의 방향키는 내 생각으로 붙들어야 한다. 스스로 사고할 때 우리는 비로소 더 자유롭고 의미 있는 삶을 살 수 있다.

당신이 내리는 결정들은
당신 자신의 생각에서 출발했는가?

17

삶의 문제는 오직
내면 깊은 곳에서 풀린다

—

깊이

"삶의 문제는 겉으로 해결되지 않는다. 오직 내면의 깊은 곳에서
비로소 풀린다."

《문화와 가치》

　마흔의 삶은 끊임없는 문제의 연속이다. 하나의 문제를 해결
하면 또 다른 문제가 나타나고, 한때 지나간 줄 알았던 고민은 다
시 새로운 얼굴로 돌아온다. 같은 문제가 반복되는 까닭은 우리
가 그 표면만 바라보고 그 아래 숨겨진 본질을 마주하지 않기 때
문이다.

곰곰이 생각해보면 삶에서 가장 중요한 것들은 대개 눈에 잘 띄지 않는다. 예를 들어 생명을 유지하는 데 핵심적인 뇌와 심장은 직접 볼 수도 쉽게 만질 수도 없다. 그만큼 신체 활동에 필수적이기에 단단한 머리뼈와 갈비뼈 속에 고이 감싸져 보호받고 있는 것이다. 삶에서 소중한 것들도 이와 같다. 진정한 지혜, 깊은 성찰, 내면의 평온 같은 것들은 단번에 드러나지 않는다. 그것들은 오랜 사유와 탐구를 거쳐야만 서서히 모습을 드러낸다. 문제 해결도 마찬가지다. 표면적인 해결책에 급급하면 문제는 다른 형태로 계속 되풀이될 뿐이다. 하지만 문제의 근원으로 들어가면 더 이상 같은 장애물에 걸려 넘어지지 않을 수 있다.

감정대로 판단하지 말고
본질을 보라

사람들은 문제가 생기면 가장 먼저 급한 불부터 끄는 방식으로 대응한다. 그러나 이런 방식으로 해결된 문제는 시간이 지나면 다시 고개를 든다. 왜 그럴까? 문제의 뿌리를 건드리지 않았기 때문이다. 비트겐슈타인은 삶의 많은 문제가 우리가 문제를 바라보는 방식 자체에서 비롯된다고 봤다. 그는 이렇게 말했다.

"우리는 대상을 있는 그대로 보는 것이 아니라, 그로 인해 떠오른 자신의 해석을 본다. 그리고 결국 그 해석에 감정적으로 반응할 뿐이다."

우리는 사물을 있는 그대로 보지 않는다. 각자의 경험과 감정을 통해 해석하고, 그 해석에 따라 반응한다. 예를 들어, 직장에서 동료가 나에게만 유독 차갑게 대한다고 느껴질 때가 있다. 이때 어떤 사람은 "저 사람이 나를 싫어하는구나"라고 해석하며 불안에 빠진다. 하지만 실제로는 상대방이 단순히 개인적인 고민 때문에 그날따라 조용했던 것일 수도 있다. 이렇듯 문제는 상황 자체보다 그것을 받아들이는 우리의 사고방식에서 비롯되기도 한다. 비트겐슈타인은 문제를 해결하려면 해결책을 찾기 전에 우리가 문제를 인식하는 방식부터 점검해야 한다고 봤다.

"깊은 잠과 얕은 잠이 있듯 사고에도 깊이에서 울려 퍼지는 생각과 표면을 스치며 떠도는 생각이 존재한다."

얕은 사고로 문제를 보면 감정적으로 반응하기 쉽고 충동적으로 결론을 내리기 쉽다. 하지만 깊은 사고로 문제를 바라보면 본질이 명확해진다. 비트겐슈타인은 평생 표면 너머의 깊이를 탐구했다. 그는 철학에 입문하기 전 맨체스터대학교에서 항공학을 연구하며 연을 이용한 비행 실험을 했다. 비행기의 추진력과 효

율성을 높이기 위해 프로펠러와 제트 엔진 설계에 몰두했고 관련 특허까지 취득했다. 그가 연구한 엔진 방식은 약 30년 후 헬리콥터 개발로 이어졌다.

그는 초등학교 교사 생활을 정리하고 철학으로 복귀하기 전 누나 마르가레테의 별장 건축을 도왔다. 그는 누나의 제안에 따라 건축가 파울 엥겔만의 조수로 참여했다. 하지만 시간이 지나면서 비트겐슈타인이 일을 지시하고 엥겔만이 그 지시를 이행하는 것으로 변했다.

이 프로젝트는 그의 철학적 태도를 그대로 반영하는 중요한 경험이 됐다. 그는 완벽한 비례와 극도의 단순성을 추구하며 본질적인 요소만 남기는 방식을 고집했다. 문손잡이의 위치, 창문의 크기, 방과 방 사이의 비율까지도 치밀하게 계산했다. 누나는 완성된 별장을 보고 '비트겐슈타인의 사상이 구현된 집'이라고 칭찬했다. 하지만 정작 그는 완벽함에 대한 강박으로 인해 건축 과정에서 상당한 스트레스를 받았다고 한다.

제2차 세계 대전이 발발하자 비트겐슈타인은 런던 가이즈 병원에서 전쟁 부상자들을 위한 간호조무사로 일했다. 그는 간호 업무뿐만 아니라 약제사 보조 역할도 맡았다. 특히 연고를 정교하게 만들어 내는 능력이 뛰어났다. 이를 본 그랜트 박사는 이렇게 말했다.

"당신이 철학자가 아니라 생리학자의 길을 걸었다면, 아마도 위대한 업적을 남겼을 것입니다. 어쩌면 그것이 더 나은 선택이었을지도 모르겠군요."

비트겐슈타인은 어떤 일을 하든 사물의 본질을 파고들었고 문제의 깊은 곳에 도달하려 노력했다. 중요한 것은 직업이 아니라 사물을 대하는 태도였다. 항공학에서는 공기의 흐름과 추진력을, 건축에서는 공간과 구조의 본질을, 철학에서는 언어와 사고의 한계를 탐구했다. 상처를 낫게 하려면 깊은 곳까지 치유해야 하듯 우리 삶의 문제 역시 표면을 넘어 근원을 치유해야 한다.

내 앞의 문제는
더 깊이 사유하라는 신호다

사람들은 문제를 불행으로 여기며 피하려고 노력한다. 그러나 비트겐슈타인은 문제야말로 깊은 통찰을 불러일으키는 계기가 될 수 있다고 생각했다. 문제는 우리가 한 걸음 더 깊이 들어가야 한다는 신호다.

"삶의 문제는 겉으로 해결되지 않는다. 오직 내면의 깊은 곳에서 비로소 풀린다."

같은 문제를 놓고도 누군가는 좌절하고 누군가는 성장의 계기로 받아들인다. 차이는 문제를 대하는 태도에서 비롯된다. 어떤 이에게 문제는 벽이지만 다른 이에게 문제는 본질에 가까워지는 문이다. 표면만 건드리면 문제가 해결된 것처럼 보이다가도 결국 같은 부분에서 반복될 뿐이다. 하지만 문제의 근원에 접근하면 설령 또 다른 장애물이 나타나더라도 흔들리지 않을 힘을 얻게 된다. 그래서 심층, 즉 본질을 볼 수 있는 안목을 갖춰야 한다.

문제는 더 깊이 사유하라는 신호다. 그러니 문제를 외면하지 말고 그것이 가리키는 방향으로 걸어가라. 문제의 표면을 넘어 본질을 직시하는 순간 문제는 더 이상 장애물이 아니라 성장의 디딤돌이 될 것이다.

당신이 보는 것은 문제의 표면인가?
아니면 본질인가?

18

본질을
잊지 마라

—

질문

"우리는 본질을 파고드는 것을 자주 잊는다. 의문을 던질 때도
충분히 깊숙이 파고들지 않는다."

《문화와 가치》

마흔의 삶은 질문으로 가득하다. 가정과 일, 관계와 미래에 대
해 끊임없이 자문하게 된다. 하지만 중요한 것은 질문의 수가 아
니라 깊이다. 가벼운 호기심으로 던진 질문에 머물면 삶 역시 피
상적인 차원에서 맴돌 뿐이다. 얕은 물가에서만 노니는 사람이
심해의 신비를 알 수 없듯 깊이 묻지 않으면 삶의 본질에도 다다

를 수 없다. 비트겐슈타인은 익숙한 개념을 해체하며 언어가 사고를 어떻게 규정하는지 끊임없이 의심했다.

"우리는 본질을 파고드는 것을 자주 잊는다."

이는 익숙한 틀 안에서 이미 주어진 개념들을 당연시하는 우리의 태도를 질타하는 것처럼 들린다. 본질을 충분히 파고들지 않은 채 의문을 던지면, 사고 역시 얕은 수준에서 멈춰 설 뿐이다. 결코 깊은 통찰에 이르지 못한다는 것이다. 질문의 깊이가 곧 사고의 깊이다. 질문을 깊이 던질 때만이 익숙함을 넘어 새로운 지평을 발견할 수 있다. 바로 그 본질을 탐구하는 태도가 우리의 사유를 한층 완성된 모습으로 이끌어 준다.

질문이 멈추면
사고도 멈춘다

비트겐슈타인은 철학이 문제를 제기하는 학문이라고 했다. 기존의 개념을 그대로 받아들이는 순간 사고는 굳고 언어가 지닌 한계에 스스로 갇히게 된다. 케임브리지대학교 시절, 그는 스승 러셀과 뜨겁게 토론하며 논리를 분석하는 훈련을 쌓았다. 하지만 곧 '정형화된 철학'이 본래의 문제 제기 기능을 잃었다고 느꼈다. 삶의 근본적 질문들인 '우리가 세계를 어떻게 이해하고 언어가 우리의 사고를 어떻게 형성하는지'의 의문들이 사소한 논쟁들 속에 묻혀 있다고 판단했다. 그래서 그는 익숙한 용어와 방식에 의문을 던졌다.

"왜 이 단어를 이렇게 쓰고, 그게 진리라고 받아들이는가?"

질문이 깊어질수록 기존의 틀이 깨졌고 철학이 다시 '질문의 학문'으로 돌아갈 수 있다고 믿었다. 비트겐슈타인은 그 의미를 《문화와 가치》에서 이렇게 말했다.

"나는 끝없이 엉뚱한 질문들을 던진다. 오직 이 숲을 헤치고 앞으로 나아갈 수만 있다면."

비트겐슈타인에게 엉뚱한 질문이란 익숙한 전제들을 흔들고 낡은 사고방식을 깨뜨리는 원동력이었다. 보통 엉뚱한 질문을 던지면 좋은 평가를 받지 못한다. 사람들은 기존의 틀을 벗어난 질문을 무의미하거나 비논리적이라고 여기기 때문이다. 학문적 전통 속에서도 정해진 문제를 연구하고 인정받는 이론을 따르는 것이 더 높은 평가를 받을 수 있다고도 여겨진다. 그러나 그는 그런 사고방식이 철학의 본질을 가로막는다고 봤다. 그에게 중요한 것은 기존의 체계 안에서 올바른 답을 찾는 것이 아니라 그 체계 자체를 다시 살펴보는 일이었다. 따라서 그는 엉뚱해 보일지라도 끊임없이 질문을 던졌다. 기존의 논리와 언어가 사고를 제한할 때 그 틀을 흔들어야 새로운 사고가 가능하다고 믿었기 때문이다.

그는 철학을 낡은 사고의 틀을 해체하고 재구성하는 작업으로 여겼다. 그래서 깊은 질문이 필요했다. 질문이 얕으면 결국 기존 틀 안에서 같은 결론만 반복하지만 질문이 깊어질수록 사고는 자유롭게 확장되기 때문이다. 그가 자주 언급한 '오리-토끼 그림'은 같은 이미지를 두고도 사람마다 전혀 다른 동물을 인식할 수 있다는 점을 잘 보여 준다. 현실은 한 장의 그림이어도 우리의 인식과 해석은 다양하다. 그는 《논고》에서 그 의미를 이렇게 말했다.

"두 사람이 똑같은 말을 한다고 해서, 그들이 동일한 생각을 갖고 있다고 단정할 수 없다. 같은 언어를 사용하더라도, 그 말이 각자의 경험과 맥락 속에서 다르게 해석될 수 있기 때문이다."

깊이 있는 질문이 필요한 이유가 여기에 있다. 질문을 통해 기존에 당연시하던 사고방식을 깨면 전혀 다른 시야가 열릴 수 있기 때문이다. 또한 상대의 해석에도 고개를 끄덕일 수 있다. 내

세상의 문제들을 향해 계속해서 질문하다 보면
어느새 문제는 사라지게 된다.

가 주장한 것이 틀릴 수도 있다는 생각이 들 수도 있다. 그래서 사고의 틀을 깨야 한다. 그는 《문화와 가치》에서 이렇게 말했다.

"철학자는 자기 안에 뿌리내린 수많은 지성의 병을 치료해야만 비로소 온전한 상식에 도달할 수 있는 사람이다."

그가 말한 '지성의 병'은 무비판적으로 받아들인 편견과 언어의 한계를 의미한다. 우리는 익숙함에 파묻힌 채 문제를 재해석할 기회를 잃곤 한다. 하지만 깊은 질문이야말로 이 무의식적 껍데기를 벗겨 내는 가장 강력한 도구다.

"질문이 있는 곳에는 반드시 답도 존재한다. 왜냐하면 올바른 질문 속에는 이미 답을 찾아가는 방향이 담겨 있기 때문이다. 명확한 질문을 던질 수 있다면 숨겨진 답을 향한 길도 자연스럽게 드러나게 된다."

제대로 된 질문을 던질 수 있다면, 이미 그 안에 답으로 가는 길이 열려 있다는 의미다. 문제는 얼마나 '깊이' 질문을 던지느냐에 달려 있다. 그러나 많은 이가 질문을 던지는 것조차 힘들어한다. 익숙한 답에 안주하거나 불편한 진실을 애써 외면하기도 한다. 우리는 어떻게 더 깊은 질문으로 나아갈 수 있을까?

더 깊게 나아가기 위한
네 가지 방법

첫째, 당연한 것을 의심하자.

마흔이 되면 삶의 궤도가 어느 정도 고정되기 시작한다. 반복된 경험과 축적된 지식은 자산이 될 수 있지만, 때로는 사고의 벽이 되기도 한다. 지금의 선택과 생각이 진짜 나의 것인지, 혹은 익숙함에 젖은 관성은 아닌지 돌아봐야 한다. 질문은 의심에서 시작된다.

둘째, 질문의 방향을 바꾸자.

'어떻게 더 나아질 수 있을까?'보다 '나는 왜 이 방향으로 가고 있는가?'라는 질문이 더 깊다. 마흔의 질문은 단순한 방법론이 아니라 삶의 목적을 향해야 한다. 방향이 잘못됐는데 속도만 높이면 오히려 더 멀어진다.

셋째, 질문을 구체적으로 좁히자.

막연한 고민은 삶을 더 혼란스럽게 만든다. '나는 어떻게 살아야 할까?'라는 질문을 '지금 내가 중요하게 여기는 가치는 무엇인가?'처럼 구체화해 보자. 질문이 선명해질수록 사고도 명료해지고 실천도 분명해진다.

넷째, 답을 성급히 찾지 말자.

마흔 이후의 삶은 단기적인 해답보다 장기적인 통찰이 더 중요해진다. 깊이 있는 질문은 시간이 필요하다. 바로 떠오르지 않는 질문일수록 곱씹어야 할 가치가 있다. 질문과 함께 오래 머무를 때 삶의 방향이 바뀐다.

피상적인 질문에 머물면 삶도 피상적으로 흐를 수밖에 없다. 사고는 결국 우리의 선택과 행동으로 이어진다. 그러니 깊은 질문을 던져라. 깊이 볼 수 있는 안목과 질문을 훈련하라. 깊은 질문을 던지는 순간 삶은 더 넓어지고, 더 깊어지며, 더 의미 있게 된다. 진정한 변화는 더 나은 답을 찾는 것이 아니라 더 본질적인 질문을 던지는 데서 시작된다.

삶을 결정짓는 중요한 질문들을 스스로 던지고 있는가?
아니면 타인의 질문에 반응하며 살아가고 있는가?

19

거짓을 버리지 않고서는
진실을 말할 수 없다

—

진실

"거짓말이 더 이로울 때조차 우리는 왜 진실을 말해야 하는가?"

《비트겐슈타인 평전》

우리는 때때로 진실을 감추거나 왜곡하는 것이 더 나은 결과를 가져온다고 생각한다. 누군가를 위로하기 위해, 불필요한 갈등을 피하기 위해, 혹은 관계를 부드럽게 만들기 위해 애매한 표현을 사용하기도 한다. 그러나 순간의 평화를 위해 거짓을 허용하는 순간 언어는 점점 흐려지고 신뢰는 흔들린다. 작은 위선이 쌓이다 보면 결국 무엇이 진실인지조차 분간하지 못하는 상태에 이른다.

비트겐슈타인은 "언어가 우리의 사고를 규정한다"라고 말했다. 거짓된 언어는 사고를 흐리게 하고, 현실을 곡해하며, 결국 진실을 인식하는 능력마저 약화한다는 것이다. 진실을 말하는 것은 명료한 사유를 유지하는 길이며 자신과 세계를 명료하게 이해하는 과정이다.

그렇다면 우리는 왜 진실을 말해야 하는가? 이유는 명확하다. 세상을 왜곡 없이 바라보기 위해서, 사유의 명확성을 지키기 위해서, 그리고 자신과 타인 사이에 신뢰를 쌓기 위해서다.

거짓말이 이로울 때조차
진실을 말해야 하는 이유

비트겐슈타인은 어린 시절부터 '진실이란 무엇인가?'를 고민했다. "거짓말이 더 이로울 때조차 우리는 왜 진실을 말해야 하는가?"라는 질문은 그가 여덟아홉 살 무렵에 던진 최초의 철학적 물음이었다. 그리고 이 질문은 평생 그의 철학을 관통하는 주제가 됐다.

그에게 거짓은 단순한 도덕적 결함이 아니라 사고의 왜곡이자 현실과의 단절을 의미했다. 그는 이렇게 말했다.

"거짓을 버리지 않고서는 진리를 말할 수 없다."

거짓은 우리가 보는 세계를 흐리게 만들고 사고의 구조를 변형시킨다. 무심코 내뱉는 거짓이 반복될수록 우리는 점점 현실을 정확히 인식하는 능력을 잃어버린다.

비트겐슈타인은 자신의 철학뿐만 아니라 삶에서도 철저히 솔직했다. 철학을 논할 때도, 제자들을 가르칠 때도, 친구들과의 관계에서도 그는 모호한 말을 용납하지 않았다. 사유와 표현의 명확성을 강조했던 그는 진실을 말하는 것이 철학적 탐구의 출발점임을 강조했다.

그는 학생들에게 철학적 사고의 핵심이 '정직'임을 가르쳤다. 애매한 언어나 피상적인 사고를 경계했고 거짓이 사고를 흐리는 순간 철학적 탐구도 본질을 잃는다고 봤다. 수업에서 학생이 정직하지 않은 태도를 보일 때도 단호하게 지도했다. 철학은 곧 세계를 명료하게 보는 훈련이었기 때문이다.

비트겐슈타인의 솔직함은 학문적 관계에서도 예외가 아니었다. 그는 철학 입문 초기 케임브리지대학교에서 존슨 교수의 강의를 듣고 단 한마디를 남겼다.

"배울 것이 없다."

이는 단순히 무례한 표현이 아니었다. 그는 자신의 사고를 흐리게 만드는 어떤 것도 받아들이지 않았고 철학이 형식적 학문에 머무는 것을 경계했다.

그가 무어에게 남긴 말도 마찬가지다. 무어는 당시 영국 철학계를 대표하는 학자였다. 비트겐슈타인 역시 그의 영향을 받으며 학문을 시작했다. 그러나 그는 무어가 깊이 있는 탐구 없이 학문에 전념하는 태도를 보이자 가차 없이 비판했다.

"학문할 능력도 없으면서 학문에 전념하고 있다."

이는 단순한 비난이 아니었다. 철학자가 정직하지 않으면 철학 자체가 성립할 수 없다고 봤기 때문이다. 진실을 말하는 것은 곧 세계를 있는 그대로 바라보는 태도이며 사유의 근본적인 훈련이었다.

스스로를 기만하면
아무것도 분간할 수 없다

비트겐슈타인은 진실을 회피하는 순간 사고가 흐려지고 자신을 바라보는 시선마저 틀어진다고 봤다. 인간이 스스로를 기만하기 시작하면 결국 무엇이 진실인지조차 분간할 수 없게 된다.

그는 1914년 10월 15일 일기에 이렇게 표현했다.

"진리를 두려워하는 자는 결코 온전한 능력을 마주할 수 없다."

진실을 말한다는 것은 단순히 거짓을 피하는 것이 아니다. 그것은 자기 생각과 감정을 직시하는 일이고 자기기만에 빠지지 않도록 하는 과정이다. 순간의 불편함을 피하고자 거짓을 택하면 이후 마주하는 비슷한 순간에도 거짓된 이야기를 늘어놓게 된다. 그렇게 잘못된 사고의 습관이 형성된다. 결국 현실을 명확히 바라볼 기회를 잃고 점점 스스로를 속이는 쪽으로 나아가게 된다. 비트겐슈타인은 이를 양심의 문제로 봤다.

"죄의식에 사로잡힌 양심은 쉽게 참회하지만, 허영심에 사로잡힌 이는 끝내 참회하지 못한다."

진실을 말하는 사람은 자신의 잘못을 인정할 수 있다. 그러나 거짓에 익숙해진 사람은 자기 자신조차 속이며 반성할 기회마저 잃는다. 비트겐슈타인에게 거짓은 사고의 혼탁함과 직결되는 문제였다. 순간적인 편의를 위해 거짓을 말하는 것은 결국 사유를 어지럽히고 더 깊은 성찰의 기회를 박탈하는 것으로 봤다.

비트겐슈타인의 철학이 우리에게 던지는 메시지는 단순하다. 바로 진실을 말하는 것이다. 불편하더라도, 순간적으로 불리한 결과를 가져오더라도, 결국 우리는 진실을 말하는 습관을 통해 더 명확하게 사고할 수 있으며, 단단한 삶을 살 수 있다.

거짓은 단순한 언어 조작이 아니다. 그것은 우리의 사고를 흐리게 만들고 현실을 있는 그대로 바라보는 시선을 가린다. 한 번 거짓을 허용하면 그 거짓을 정당화해야 하고, 또 다른 거짓을 덧붙이게 된다. 그렇게 점점 더 스스로를 속이다 보면 마침내 자신조차 믿을 수 없는 상태에 빠지게 된다. 그는 이것이야말로 철학이 경계해야 할 가장 위험한 함정으로 봤다.

순간의 편의를 위해 진실을 희생할 수도 있다. 그러나 결국 남는 것은 흐려진 사고, 왜곡된 현실, 그리고 흔들리는 자신이다. 진실을 선택하는 순간 우리는 비로소 자기 삶의 주인이 된다. 그리고 그 길을 선택하는 것은 오직 우리의 몫이다.

진실을 말하며 사유의 명료함을 선택하고 있는가?
아니면 평화를 핑계로 스스로를 속이고 있는가?

20

한 걸음 물러나서
흐름을 파악하라

—

조망

"부분적인 문제에 사로잡히지 말고, 가장 본질적인 문제를 넓은 시야에서 바라볼 수 있는 지점으로 올라서라. 비록 그 시야가 아직 선명하지 않더라도."

〈1914년 11월 1일 일기〉

마흔의 삶은 수많은 문제의 교차점에 선 시기다. 일, 관계, 가족, 미래까지 해결해야 할 일들이 겹쳐 오고, 어느 순간 문제에 휘말린 채 방향을 잃곤 한다. 문제 안으로 깊이 들어갈수록 시야는 좁아지고, 오히려 해답은 더 멀게 느껴진다. 이럴 때일수록 필요한 것은 '한 걸음 물러서기'다.

비트겐슈타인은 "문제 전체를 조망하라"라고 조언했다. 눈앞의 장애물만 바라보지 말고 한 걸음 물러서서 전체 흐름 속에서 문제를 보라는 것이다. 그래야 새로운 통찰과 해결의 실마리가 열린다. 그는 문제를 '어떻게 해결할 것인가' 걱정하기 전에 '어떻게 바라볼 것인가'를 고민하라고 조언한다. 삶의 문제를 전체적 맥락에서 살펴보면 전혀 다른 길이 보이기 시작한다는 것이다.

더 높은 곳에서
더 넓게 내려다봐야 하는 이유

비트겐슈타인은 우리 삶에 닥치는 여러 문제를 미로에 비유했다. 한곳에 깊이 빠져들수록 전체 맥락을 보기 힘들어 길을 잃게 된다는 것이다. 실제로 깊이 있는 사고는 문제의 본질을 통찰하도록 도와주지만, 과도한 몰입은 오히려 사유의 폭을 좁혀 문제 자체에 갇히게 만든다. 이는 숲을 연구하려다 나무 하나하나에 집착한 끝에 숲 전체의 구조를 놓치는 것과 같다.

그는 이런 상황을 극복하기 위해 '조망'의 중요성을 강조한다. 문제를 해결 대상으로만 삼지 말고 문제의 근원과 전체 구조를 함께 바라봐야 한다는 것이다. 문제를 깊이 파고드는 것만큼이나 문제와 일정한 거리를 유지하는 균형 감각 역시 필수적이다.

"세계를 영원의 시선으로 바라보는 방법은 예술가의 창작뿐만이 아니다. 나는 그것이 바로 사유의 길이라고 믿는다. 사유란 마치 높은 곳을 날며 세상을 조망하는 것과 같다. 세상을 변화시키려 하기보다 있는 그대로 내려다보며 깊이 이해하는 것이다."

비트겐슈타인이 말하는 사유는 문제를 새롭게 바라보게 하는 과정이기도 하다. 익숙한 방식으로만 문제를 풀려 애쓰면 어느 순간 한계에 부딪힌다. 이는 구름 속에서 길을 찾으려는 것과 같다. 전체를 조망하지 못하면 허둥대며 막다른 길에 이르기 쉽다. 그러나 한층 높이 올라가 전체 맥락을 살피면 문제는 더 이상 커다란 벽이 아니라 인생이라는 지도의 일부로 보이기 시작한다. 실제로 비트겐슈타인은 언어 철학과 논리학을 연구하며 자주 막다른 길에 다다른 듯한 느낌을 받았다.

"생각을 거듭할수록 답을 찾기 어려운 질문들만이 나를 둘러싼다. 오늘은 마치 내 사고의 한계에 다다른 듯한 느낌이 들었다. 내가 탐구하던 대상은 손에 닿을 듯하다가도 다시 멀어져 가는 것만 같다."

비트겐슈타인은 좌절하기보다 한 단계 더 높은 관점에서 문제를 바라보고자 했다. 그는 언어가 사고를 규정한다는 통찰을 얻은 후 표현 방식과 사고의 틀을 새로 짜야 한다고 생각했다. 이 태도 덕분에 탄생한 결과물이 《논고》다.

그는 이런 접근 방식을 삶의 문제들에도 적용할 수 있다고 봤다. 당장의 감정이나 상황에 매몰되지 않고 조금 멀리서 바라볼 때 문제는 전혀 다른 의미를 드러낸다. 기존에 꽉 막혀 보이던 벽도 높은 시야에서 조망하면 그저 인생의 한 흐름일 뿐이라는 사실을 깨닫게 되는 것이다.

우리는 문제가 생기면 대개 늘상 하던 방식으로 해결책을 찾곤 한다. 그러나 그는 기존의 방식으로는 결코 풀리지 않는 문제들이 있다고 지적한다. 이런 문제들은 근본적으로 다른 시각을 가져야만 뿌리부터 해결이 가능하다는 것이다.

"어려운 문제란 대개 그런 법이다. 기존의 방식으로는 결코 풀리지 않으며, 겉으로 드러난 부분만 다뤄서는 해결에 이를 수 없다. 문제의 뿌리까지 파고들어야 하며, 이를 위해서는 전혀 새로운 접근법이 필요하다. 때로는 그 해결책을 떠올리기 위해 지금까지의 사고방식과 태도를 완전히 바꿀 정도로 스스로 새로운 사람이 돼야만 한다."

중요한 것은 단지 문제를 고치는 데 있지 않다. 더 본질적인 일은 그 문제를 바라보는 우리의 태도를 바꾸는 데 있다. 경우에 따라서는 문제를 직접 해결하려 애쓰기보다 그 문제에 맞서는 사고방식과 관점을 바꾸는 쪽이 더 큰 의미를 발휘하기도 한다.

비트겐슈타인의 삶 역시 이런 변화를 잘 보여 준다. 그는 한때 철학을 떠나 시골 학교에서 교사로 일하고 노동자로 생활하며 '철학이 현실과 어떻게 연결될 수 있는가'를 직접 경험하려 했다. 그리고 이런 체험을 바탕으로 다시 철학으로 돌아왔을 때 이전과는 완전히 다른 사고방식을 펼쳐 보였다.

그 결과물인《철학적 탐구》는 기존의 언어 철학을 넘어 삶에서 언어가 어떻게 의미를 형성하는지를 새롭게 조명했다. 문제를 풀기 위한 이론을 제시하기보다 문제를 바라보는 시야와 틀 자체를 바꾸는 방식을 보여 준 셈이다.

"세계와 삶은 하나다."

비트겐슈타인은 문제를 삶과 분리해 해결 대상으로만 보지 않았다. 문제 역시 삶의 일부이므로 그 흐름 속에서 새로운 의미를 찾을 때 해결 이상으로 큰 통찰을 얻을 수 있다고 믿었다. 철학은 곧 이를 뒷받침하는 도구가 되는 셈이다.

문제를 똑같은 방식으로만 바라보면 해결은커녕 더 깊은 미궁에 빠질 수 있다. 비트겐슈타인은 삶의 문제가 예기치 않게 꼬일수록 한 걸음 물러나 더 높은 관점에서 전체를 조망해야 한다고 말한다. 이를 위해선 먼저 지금까지 문제를 정의해 온 내 사고방식을 과감히 의심할 필요가 있다.

예컨대 인간관계에서 갈등이 반복될 때 상대를 변화시키려 애쓰기 전에 '내가 이 갈등을 어떤 틀과 언어로 이해하고 있는가?'를 물어야 한다. 만약 갈등을 '끊임없이 되풀이되는 짜증'으로 규정해 버리면 그에 대한 해결책 역시 늘 같은 궤도 안에서 맴돌 수밖에 없다. 반면 '왜 이런 갈등이 지속되는가?', '내가 놓치는 관점은 무엇인가?' 같은 질문으로 사고방식을 전환하면 전혀 다른 해법이 보이기 시작한다.

이렇게 한 걸음 물러서 전체 맥락을 살피면 문제는 더 이상 억지로 돌파해야 할 벽이 아니라 '삶의 단서'로 작동한다. 마치 퍼즐 조각을 교체하듯 새로운 시야를 얻으면 이전까지 불가능하다고 여겼던 길이 서서히 열린다.

비트겐슈타인처럼 세상을 보는 네 가지 방법

비트겐슈타인의 철학은 문제를 새로운 시각으로 바라보는 기회를 제공한다. 그러니 해결 자체에만 매몰되지 말고 사고방식을 전환할 필요가 있다. 이를 위한 네 가지 핵심을 살펴보자.

첫째, 문제를 객관화하라.

퍼즐 조각을 교체하듯 새로운 시야로 보면
불가능해 보였던 길이 열리기 시작한다.

문제를 만나면 가장 먼저 해야 할 일은 한 걸음 물러서기다. 문제에 깊이 빠져들수록 숲이 아닌 나무만 보게 된다. 이때 '이 문제가 어디서 비롯됐고 지금 내 삶에 어떤 영향을 주고 있는가?'를 자문하라.

둘째, 사고의 틀을 재설정하라.

언어와 관점을 바꿀 수 있는지 먼저 생각하라. 언제나 하던 방식이 문제를 더 꼬이게 만들 수도 있다. 새로운 단어, 이미지, 은유로 문제를 표현하면 예상치 못한 해법이 보일 때가 있다.

셋째, 문제를 삶의 일부로 통합하라.

문제를 단순한 장애물이 아니라 배움과 성장의 기회로 바라봐라. '이 문제를 통해 나는 무엇을 배울 수 있는가?'라는 질문을 던지면 해결보다 더 깊은 통찰이 열린다.

넷째, 관점을 전환하라.

문제를 새로운 각도에서 바라보면 이전에는 보이지 않던 길이 열릴 수 있다. 중요한 것은 "내가 지금까지 보지 못한 관점이 있지 않을까?"를 스스로에게 묻는 태도다.

지금 당신이 마주한 문제를 바라보는 시각은 어떤가? 혹시 같은 방식으로만 해법을 찾고 있지는 않은가? 사고의 틀을 바꾸고 한 폭 더 넓은 시야에서 바라보는 순간 길은 예상치 못한 곳에서 열릴지도 모른다.

당신은 문제를 마주했을 때
어떤 시각으로 바라보고 있는가?

21

마치 처음인 것처럼
언제나 새롭게 시작하라

—

전환

"과거에 쓴 것에 얽매이지 마라. 마치 처음인 것처럼, 언제나 새롭게 사유를 시작하라."

〈1914년 11월 15일 일기〉

우리는 매일 비슷한 방식으로 생각하고 비슷한 시선으로 세상을 바라본다. 익숙한 개념으로 익숙한 답을 찾고 이미 알고 있는 방식으로 문제를 해결하려 한다. 하지만 익숙함은 때때로 우리의 사고를 가두고 시야를 좁게 만든다. 익숙한 길을 걸으면 주변을 자세히 살피지 않는다. 같은 풍경, 같은 건물, 같은 표지판이 반복되는 길 위에서는 새로운 것을 발견하기 어렵다. 사고도 마찬가지다. 같은 질문에 같은 방식으로 답하면 생각은 점차 고정된 틀에 갇히게 된다. 변화는 낯섦에서 시작된다. 익숙한 방식을 의심하고 새로운 시선으로 사물을 바라볼 때 비로소 사고의 감옥에서 벗어날 수 있다. 매일 같은 길을 걷더라도 한 번쯤 고개를 들어 하늘을 바라보듯 생각도 다르게 질문할 때 변화가 시작된다.

기존의 것을 의심하고
항상 다시 생각하라

비트겐슈타인은 기존의 사고방식과 철학적 전통을 근본적으로 흔들어 놓으며 늘 새로운 사유의 길을 찾으려 했다. 그의 삶과 철학은 한마디로 '기존의 것을 의심하고, 다시 사유하는 과정'이었다. 그가 1914년 11월 15일에 남긴 두 개의 글은 이런 사고 태도를 잘 보여 준다.

"과거에 쓴 것에 얽매이지 마라. 마치 처음인 것처럼, 언제나 새롭게 사유를 시작하라."

비트겐슈타인은 자신의 과거 생각조차 맹목적으로 따르지 않았다. 그는 완성된 철학이란 없으며 끊임없이 생각을 의심하고 새롭게 해석해야 한다고 믿었다. 같은 날 그가 남긴 또 다른 글도 같은 맥락에서 읽을 수 있다.

"결국 문장은 그저 사태를 기술하는 것에 불과하다. 그러나 그것조차 여전히 표면에 머물러 있을 뿐이다."

어떤 철학적 개념도, 어떤 명확한 문장도 단순히 사태를 기술하는 데 그칠 뿐 사고의 깊이에 도달하기 위해서는 보다 근본적인 질문을 던져야 한다는 뜻이다. 비트겐슈타인은 철학을 '사유의 치료'라 불렀다. 기존의 문제를 해결하는 것이 아니라 문제 자체가 어떻게 만들어졌는지를 탐색하고 해체해야 한다고 봤다.

이 태도는 그의 저서에서도 드러난다. 그는 《논고》에서는 언어의 논리적 구조를 분석해 철학적 혼란을 제거하려 했다. 그러나 《철학적 탐구》에서는 언어가 실제 삶에서 사용될 때 의미를 갖는다고 보며 사유를 전환했다. 후기 철학에서 본인의 전기 철학을 되돌아보고 수정한 것이다. 이는 철학이 하나의 정답을 찾아가는 것이 아니라 끊임없이 질문하고 새롭게 사유해야 한다는 그의 철학적 태도를 그대로 보여 준다. 그는 자신의 사상을 고집스럽게 유지하는 대신 열린 사고를 발휘했다.

"생각에도 값이 매겨질 수 있다. 어떤 것은 값비싸고, 어떤 것은 헐값일 수도 있다. 그렇다면 우리는 그 대가를 무엇으로 치를까? 나는 그것이 곧 용기라고 믿는다."

사유의 전환은 쉽지 않다. 익숙한 사고를 버리고 낯선 길을 탐색해야 하기 때문이다. 비트겐슈타인은 사고가 깊어질수록 이를 감당할 용기가 필요하다고 믿었다. 그는 기존의 철학을 부수고 한 번 정립한 사상도 다시 검토하며 바꿨다. 그에게 철학은 완성된 체계가 아니라 끊임없이 다시 시작하는 과정이었다. 사고를 멈추지 않는 한 언제든 새로운 시각을 가질 수 있다는 것을 삶으로 증명한 것이다.

이것이
최선인지 생각하라

비트겐슈타인은 우리가 당연하다고 여기는 생각 자체를 다시 의심하는 태도를 강조했다. 그는 이런 사유의 전환을 위해 한 가지 독특한 방법을 사용했다.

"내가 사용하는 가장 중요한 방법 중 하나는, 우리의 사유가 걸어온 역사를 실제와 다르게 상상해 보는 것이다. 그렇게 하면 문제를 완전히 새로운 시각에서 바라볼 수 있다."

사고의 흐름을 일부러 뒤집어 보자. 예를 들어, '언어는 세상을 반영하는 도구'라고 믿었다면, 반대로 '언어가 우리의 사고를 결정짓는다'고 가정해 보는 것이다. 이렇게 생각을 조금만 바꿔도 문제를 바라보는 방식이 완전히 달라진다. 그의 철학은 이처럼 '이미 알고 있는 것'을 의심하는 데서 출발한다. 그렇기에 자신의 철학조차도 늘 비판적으로 되새겼다. 이는 그의 삶에서도 드러났다. 그는 1931년 10월 12일 일기에 이렇게 적었다.

"나는 보잘것없는 거짓말쟁이일지라도, 거창한 말들을 늘어놓을 수 있다. 그렇게 말하는 순간, 마치 자신의 보잘것없음에서 완전히 벗어난 듯 보이지만, 실은 그렇지 않다. 진정으로 자신을 깨닫는다는 것은 곧 겸손해지는 것이다."

그는 자기 자신을 철저히 성찰하고 자신의 한계를 인식하는 것을 중요하게 여겼다. 철학적 사고가 실질적인 삶의 태도와 연결돼야 한다고 봤기 때문이다. 사유의 전환은 삶을 대하는 태도이자 변화의 시작점이다. 우리가 늘 같은 방식으로 생각하고 같은 길을 걷는다면 지금과 다른 결과를 기대할 수는 없을 것이다.

어떤 문제를 바라볼 때 우리는 가장 익숙한 방식으로 접근한다. 그동안 배운 논리, 남들이 말하는 정답, 기존의 사고 틀에 따라 답을 찾는다. 그것이 편하기 때문이다. 사람들은 종종 '내가 틀렸을 수도 있다'는 생각을 하지 않는다. 자신의 논리가 늘 맞다고 믿고 자신의 경험이 곧 진리라고 여긴다. 하지만 고정된 생각은 새로운 기회를 보지 못하게 만들고 반복되는 실수를 계속하게 한다. 그렇다면 어떻게 사고를 확장할 수 있을까?

첫째, 당연한 것을 당연하게 여기지 않는 태도가 필요하다.
'이건 원래 이렇게 하는 거야'라는 말을 자주 한다면 그것이 사고의 감옥이 돼 있을 가능성이 크다. 익숙한 방식이 아니라 다른 방식이 없을지 스스로에게 물어라.

둘째, 스스로에게 끊임없이 질문하는 습관을 가져야 한다.
질문은 새로운 사고의 문을 여는 열쇠다. '정말 그런가?', '왜 그런가?', '다른 가능성은 없는가?' 같은 질문을 던지는 것만으로도 생각의 지평이 넓어진다. 비트겐슈타인은 한번 정리된 생각도 계속해서 의심했다. 철학이란 완성된 지식이 아니라 끊임없이 새로 쓰는 과정이기 때문이다.

셋째, 자신의 생각을 점검하는 용기가 필요하다.
우리는 언제든 틀릴 수 있다. 그 틀림을 인정하고 새롭게 사고할 때 성장할 수 있다. 비트겐슈타인은 자신의 초기 철학을 부정하고 새로운 철학을 세웠다. 자신이 틀릴 가능성을 인정하는 것이야말로 사유를 확장하는 첫걸음이다.

마흔이 되면 어느새 '예전의 나'가 기준이 되기 쉽다. 과거의 선택과 습관, 실패와 상처가 사고를 지배하고, "나는 원래 이런 사람이야"라는 말로 스스로를 고정한다. 하지만 비트겐슈타인은 "이미 한 말을 다시 반복할 필요는 없다"라고 했다. 어제의 나를 내려놓고 오늘의 시선으로 다시 사유하라는 것이다. 그때 비로소 변화의 문이 열린다. 오늘도 우리는 익숙한 생각을 반복하며 하루를 보낸다. 같은 방식으로 문제를 해결하고 같은 논리로 사람을 판단한다. 하지만 잠시 멈춰 서서 스스로에게 '이것이 최선의 생각인가?' 하고 질문해 보자. 그러면 새로운 길이 보일 것이다. 생각이 바뀌어야 인생도 바뀐다. 어제의 사고를 지우고 오늘 새로운 사유를 시작하라. 그것이야말로 진정한 철학적 삶이다.

어제의 생각 위에 안주하고 있는가?
아니면 오늘의 시선으로 새롭게 사유하고 있는가?

22

의지가 없다면
나도 없다

—

의지

"의지가 없다면, '나'라는 존재의 중심도 흔들릴 것이며, 윤리를
지탱할 주체도 사라질 것이다."

<1916년 8월 5일 일기>

어떤 사람은 생각하는 것만으로도 사유가 충분하다고 여긴다.
의미 있는 질문을 던지고 깊이 있는 성찰을 한다면 그것으로 충
분하다고 믿는다. 하지만 진정한 사유는 머릿속에서만 이뤄지는
것이 아니다. 그것은 실행을 전제로 하고 삶을 변화시키려는 의
지까지 포함해야 한다. 실행과 결합하지 않은 사유는 공허한 상

념에 불과하며 현실을 바꿀 힘이 없다.

의지가 결여된 사고는 쉽게 흩어지고 깊은 탐구로 이어지지 못한다. 생각을 밀고 나갈 힘이 없으면 아무리 좋은 통찰도 어느새 사라지고 만다. 의지가 뒷받침되지 않는 사유는 단순한 관념에 머물 뿐 현실에는 아무런 영향을 미치지 못한다.

내 생각을 끝까지
밀고 나갈 힘

비트겐슈타인은 철학이 삶을 변화시키는 힘이어야 한다고 여겼다. 또한 삶을 관철할 수 있는 강한 의지를 요구한다고 봤다. 그렇기에 그는 학문 체계에서 논리적 개념을 정리하는 것에 만족하는 사유 방식을 경계했다. 그에게 철학은 사고하는 방식뿐만 아니라 살아가는 방식까지 포함해야 했다.

그는 이런 태도를 실천하기 위해 삶의 방식을 스스로 개척했다. 1913년, 그는 영국 케임브리지대학교에서의 안정된 학문적 환경을 떠나 노르웨이 송네 피오르의 외딴 오두막으로 들어갔다. 그곳은 오직 보트를 타고서만 접근할 수 있는 외진 장소였다. 문명과 단절된 자연 속에서 그는 오로지 자신의 사유를 깊이 탐구하는 데 집중했다. 그는 편리함이나 타인의 인정을 구하는 대신 오직 철학적 사고의 본질에 다가가려 했다.

외부와 단절된 환경은
강한 의지를 불어넣기도 한다.

그가 이처럼 고독 속에서 사유를 실천했던 이유는 깊이 사고하는 것만으로는 충분하지 않다는 것을 알았기 때문이다. 단순한 아이디어나 통찰이 아니라, 그것을 끝까지 밀고 나가는 힘이 필요했다. 실행할 의지가 없다면 아무리 위대한 철학적 사유도 현실에 아무런 영향을 미치지 못한다.

"생각이란 머릿속에 선명한 그림을 그리는 과정이다. 무엇인가를 또렷하게 떠올릴 수 있을 때, 우리는 비로소 깊이 사고하는 것이다. 누구나 결국 그런 방식으로 생각한다."

비트겐슈타인은 사유가 실재하는 삶에서 구체적으로 형상화돼야 한다고 봤다. 생각은 선명해야 하고 그 생각을 실현할 의지가 있어야 한다는 것이다. 철학이 머릿속에서만 머문다면 그것은 단순한 관념일 뿐이다. 사유가 현실 속에서 작동하기 위해서는 이를 실천할 의지가 필요하다.

그는 사고를 멈추지 않고 실행하는 것이야말로 '진짜 사유'라고 믿었다. 그래서 그는 행동을 통해 자신의 철학을 증명했다. 학자로서 안정적인 삶을 누릴 수도 있었지만 철학적 관념 속에서 안주하지 않았다. 대신 과감히 자신을 던지고 실행하는 철학자로 살았다. 그의 삶에서 중요한 원칙 중 하나는 '우연에 흔들리지 않는 것'이었다. 그는 인간이 외부 환경, 운과 불운에 좌우되지 않아야 한다고 믿었다.

"인간은 우연에 흔들려서는 안 된다. 행운에도 휩쓸리지 않고, 불운에도 굴하지 않아야 한다."

마흔의 삶은 외부의 변화에 자주 흔들린다. 뜻밖의 기회에는 쉽게 기대고, 작은 실패에도 깊이 낙담한다. 하지만 비트겐슈타인은 인간이 이런 변덕스러운 흐름 속에서 중심을 잃지 않고 삶을 주체적으로 살아가려면 강한 의지가 필요하다고 봤다. 행운에 도취되지도, 불운에 무너지지도 않고, 자신의 길을 끝까지 밀고 나갈 힘이 있어야 한다는 것이다.

"의지가 없다면 '나'라는 존재의 중심도 흔들릴 것이며 윤리를 지탱할 주체도 사라질 것이다. 선하거나 악한 것은 본질적으로 오직 '나'뿐이며 세계가 아니다."

비트겐슈타인에게 의지는 '존재의 중심'을 유지하는 핵심 요소였다. 인간은 외부 환경에 따라 움직이는 존재가 아니라 스스로 방향을 결정하고 삶을 개척해야 하는 존재다. 그리고 그것을 가능하게 하는 것이 바로 강한 의지다.

아무리 훌륭한 생각을 떠올려도
행동하지 않으면 공허할 뿐이다

비트겐슈타인은 철학이 삶을 근본적으로 변화시키는 힘이어야 한다고 믿었다. 그러나 그는 자신의 사유가 후대에 그대로 계승되기를 바라지는 않았다. 《문화와 가치》에서 그는 이렇게 말했다.

"나는 삶의 방식을 변화시켜 모든 물음이 무의미해지는 것이 더 나은 일인지, 아니면 내가 남긴 작업을 다른 이들이 이어 가는 것이 더 바람직한지 확신할 수 없다."

비트겐슈타인에게 철학은 각자가 스스로 사고하고 실천하는 과정이었다. 사유의 틀을 만드는 데 그치는 것이 아니라 이를 삶 속에서 검증하고 변화로 이어 가야 한다고 본 것이다. 그는 자신의 철학이 특정한 학파로 굳어지는 것을 경계하며 누구나 주체적으로 사고하고 실천할 것을 강조했다. 그는 사유가 관념적 탐구에 머물러서는 안 되며 행동과 연결될 때 비로소 의미를 갖는다고 믿었다. 깊이 있는 통찰도 실천이 따르지 않으면 공허한 사고에 불과하다. 그는 각자가 스스로 사고하고 행동하며 자기 삶을 개척하는 것을 더 중요하게 여겼다.

결국 철학은 개인이 직접 경험하고 실행해야 하는 실천적 활동이다. 아무리 명확한 깨달음을 얻었다 해도 그것이 행동으로 이어지지 않으면 삶은 변하지 않는다. 현실의 문제를 돌파하려면 단순한 사고를 넘어선 결단과 지속적인 실행이 필요하다. 생각만으로 삶이 달라지는 것은 아니라는 것이다. 사유는 선택을 만들고 선택은 행동을 이끌어야 한다.

자유로운 사유를 통해 얻은 통찰은 고독 속에서도 빛을 발할 수 있다. 그렇지만 진가가 드러나는 순간은 현실에서 자기 의지를 발휘할 때다. 생각이 선명하더라도 이를 실현하려는 결심이 없다면 남는 것은 공허한 관념뿐이다. 그러나 의지를 갖고 사유를 관철해 나간다면 한 사람의 철학은 그저 말잔치가 아니라 실제 삶을 설계하는 지도가 된다.

삶이란 어떤 목표나 상황에 의해 완성되는 것이 아니다. 매 순간 우리가 내리는 선택과 태도로 만들어진다. 의지를 잃지 않는 한 어떤 난관도 사유의 끝을 막지 못한다. 생각이 현실을 바꾸길 바란다면 이제 당신의 의지를 그 생각에 실어야 할 때다.

당신은 생각을 현실로 옮기기 위해
어떤 노력을 해야 하는가?

•

4장

언제 진정한
깨달음을 얻는가

비트겐슈타인의 통찰

Ludwig Josef Johann Wittgenstein

육체에는 한계가 있어도
정신에는 한계가 없다

—

정신

"인간은 육체적으로는 무력할지라도, 오직 정신을 통해서만 진정한 자유를 얻을 수 있다."

〈1914년 9월 16일 일기〉

인생을 살면서 우리는 자주 속박을 느낀다. 사회가 요구하는 역할 속에서, 관계의 기대 속에서, 혹은 내면 깊숙이 자리 잡은 불안과 두려움에서 자유롭지 않다고 생각한다. 일터에서는 성과와 책임의 무게에 짓눌리고, 가정에서는 희생과 의무 속에 자신을 잃어버리기도 한다. 때로는 삶 자체가 끝없는 굴레처럼 느껴질 때도 있다. 그러나 비트겐슈타인은 말했다.

"인간은 육체적으로는 무력할지라도, 오직 정신을 통해서만 진정한 자유를 얻을 수 있다."

그의 말처럼 육체는 제약에 놓여 있다. 인간은 태어나면서부터 환경, 신체 조건, 사회적 배경이라는 틀 안에 갇힌다. 하지만 정신은 다르다. 정신은 어떤 조건과 상황에서도 스스로 확장될 수 있다. 인간은 생각하는 존재이기에 정신을 통해 자유를 얻을 수 있다.

비트겐슈타인의 삶이 그 증거다. 그는 전쟁터에서, 시골 교실에서, 깊은 절망 속에서도 철학을 놓지 않았다. 그의 정신은 육체적 현실의 한계를 초월했고 철저한 사유를 통해 세상을 다르게 보는 자유를 가졌다. 그것이야말로 그가 말한 "오직 정신을 통해서만 자유롭다"라는 의미가 아닐까?

죽음이 눈앞에 있는 극한에도
정신은 자유로울 수 있다

1914년 가을, 비트겐슈타인은 오스트리아-헝가리 제국의 병사로 갈리치아 전선에 배치됐다. 러시아군과 맞선 전투는 처참

했다. 포탄이 빗발치는 참호 안에서 죽음은 언제든 닥칠 수 있는 현실이었다. 공포와 불안, 그리고 인간 존재의 무력함이 그를 덮쳤다.

그가 붙잡을 수 있는 것은 오직 정신뿐이었다. 그는 타르노프 시내의 작은 서점에서 톨스토이의 《복음서 해설》을 샀다. 독일어로 된 유일한 책이었기에 선택의 여지가 없었다. 하지만 그 책과의 만남은 우연이 아니었다. 전쟁터에서 그는 이 책을 탐독하며, 삶과 죽음의 의미를 다시 고민하기 시작했다. 1914년 9월 12일, 그는 일기에 적었다.

"자꾸 톨스토이의 말이 떠오른다. '인간은 육체 안에서 무력하지만 정신 안에서는 자유롭다.' 정신이 나와 함께 하기를."

그는 깨달았다. 육체는 죽을 수 있지만 정신만은 자유로울 수 있다는 것을. 그는 전쟁이라는 극한의 상황 속에서도, 포탄이 날아드는 그 순간에도 철학을 놓지 않았다. 동료들은 그를 '복음서 남자'라고 부를 정도였다. 그는 총을 든 병사들 사이 유일하게 책을 손에 들고 있는 사람이었다. 오히려 죽음을 눈앞에 둔 상황이 그의 사유를 더 깊이 밀어 넣었다. 1914년 9월 15일, 그는 또다시 일기에 기록했다.

"정신이여, 네가 곁을 지키는 자라면 신이 나와 함께 하실 것이다. 이제 죽음과 눈을 마주하게 됐으니, 고결한 인간이 될 기회가 주어졌다고 하겠다."

비트겐슈타인은 죽음의 순간조차도 자기 자신을 연마할 기회로 여겼다. 죽음에 대한 두려움을 극복하는 것을 넘어 철저히 고결한 인간이 되는 과정으로 삼았다. 그가 전쟁 속에서 깨달은 것은 단순한 생존의 기술이 아니었다. 그것은 삶을 대하는 태도, 나아가 인간이 어떻게 자유로울 수 있는가에 대한 통찰이었다.

세상은 끊임없이 우리를 흔든다. 예측할 수 없는 사건들, 감당하기 어려운 감정들, 타인의 기대에 우리는 때로 속박당하고 때로는 길을 잃는다. 그러나 그는 정신을 단단히 붙잡는다면 극한의 전쟁 속에서조차 인간은 결코 무너지지 않는다는 것을 경험했다.

"오로지 정신만이 살리라! 정신은 사건이라는 무한하고 황량한 회색빛 바다 위에서 홀로 안전하게 보호받는 항구다."

삶이란 거대한 파도가 끊임없이 밀려오는 바다와 같다. 감당하기 힘든 현실, 예상치 못한 실패, 그리고 고통이 밀려올 때 사람들은 그저 버텨 내는 것만으로도 힘거워한다.

그러나 중요한 것은 그 순간 정신이 어떤 상태에 있는가다. 거친 바다에서도 항구가 있으면 배가 안전하게 정박할 수 있듯 혼란 속에서도 자신을 지켜 낼 내면의 항구가 필요하다.

비트겐슈타인은 이를 철학적 사유에서 찾았다. 그에게 철학은 폭풍이 휘몰아치는 삶에서 중심을 잃지 않기 위한 나침반이었다. 그는 전장에서 죽음을 직면할 때마다 자신에게 묻곤 했다.

"나는 지금 무엇을 두려워하는가? 이 순간에도 정신은 자유로울 수 있는가?"

그리고 깨달았다. 육체는 상처 입을 수 있지만, 정신은 지켜 낼 수 있다는 것을. 상황이 아무리 가혹하더라도 자신의 내면에서 자유를 찾는 사람은 그 어떤 것도 빼앗길 수 없다는 것을.

흔들리는 삶에서
나를 잃지 않으려면

진정한 자유는 외부 환경이 아니라 내면의 태도에서 비롯된다. 마흔의 삶이 복잡해질수록 중심을 지키기 위한 정신의 힘이 더욱 중요해진다. 어떻게 하면 인생을 단단한 정신으로 살아갈 수 있을까?

첫째, 불확실성을 받아들여라.

마혼이 되면 책임도 많아지고 불안도 깊어진다. 미래, 가족, 건강, 일의 지속 가능성까지. 비트겐슈타인은 말한다. 불확실함을 없애려 하지 말고 불확실함에도 흔들리지 않는 정신을 세우라고. 내면의 태도만이 진짜 자유를 만들기 때문이다.

둘째, 철학을 삶으로 살아 내라.

비트겐슈타인은 철학을 말하기보다 삶으로 살았다. 덜어내고, 본질에 집중하고, 삶의 태도를 선택했다. 마혼 이후의 삶 역시 마찬가지다. 더 많은 성취보다 더 단단한 태도가 필요하다.

셋째, 지금 이 순간을 살아라.

비트겐슈타인은 도스토예프스키의 말을 인용하며 이렇게 말했다.

"행복한 자는 현존의 목적을 달성한다."

지금 이 순간을 잃고 미래만 좇는 삶은 결국 허탈함만 남긴다. 마혼에는 하루하루를 삶의 전부처럼 살아야 한다. 지금 여기에 깃든 삶의 무게를 느낄 때, 흔들리지 않는 중심이 생긴다.

우리는 살아가면서 수많은 장애물과 마주한다. 때로는 외부의 환경이, 때로는 내면의 불안이 우리를 가로막는다. 그러나 자유를 결정하는 것은 환경이 아니라 정신의 태도다.

지금 당신이 맞닥뜨린 삶의 어려움이 무엇이든 그것이 당신을 완전히 지배할 수는 없다. 비트겐슈타인의 말처럼, 정신만이 우리를 지켜 줄 수 있는 항구이기 때문이다. 정신이 자유로운 사람은 어떤 순간에도 흔들리지 않고, 어디서든 만족하고, 진짜 자기 인생을 살아간다. 비트겐슈타인의 삶이 그 증거다. 이제 당신이 그 철학을 실천할 차례다.

삶의 수많은 장애물 앞에서도
정신을 붙들며 살고 있는가?

24

허영심은
사고를 무너뜨린다

—

허영

"우리가 깊이 있는 사유에 잠기는 것을 방해하는 것은 바깥의 소음이 아니다. 아기의 울음소리도, 전쟁터의 포탄 소리도 아니다. 사고를 가장 쉽게 흐트러뜨리는 것은 다름 아닌 우리의 내면에서 피어오르는 허영심이다."

《문화와 가치》

우리는 깊이 사고하고, 사유를 확장하며, 세상의 본질을 이해하고자 한다. 그러나 마음속에는 또 다른 욕망이 자리하고 있다. 남들에게 인정받고 싶은 욕구, 지적 우위를 점하고 싶은 마음, 내 생각이 옳다는 확신을 얻고 싶은 갈망. 이것이 바로 허영심이다.

마흔이 되면 현실을 알게 된다. 타인의 평가에 신경 쓰기보다는 실질적인 성과와 내실을 챙겨야 할 때라는 것을. 그럼에도 인정받고 싶은 욕망은 여전히 사고의 방향을 흐리게 만든다. '무엇이 옳은가'보다 '어떻게 하면 인정받을 수 있을까'라는 질문으로 사고가 흘러가면 생각은 점점 본질에서 멀어지고 피상적인 결론에 머물게 된다.

사유의 깊이는 타인의 평가를 의식하지 않을 때 비로소 가능하다. 중요한 것은 남들에게 어떻게 보일지가 아니라 나 자신에게 얼마나 진실하느냐다. 마흔 이후의 사유는 더 이상 보여 주기 위한 것이 아니라, 삶을 단단하게 다져 나가는 도구가 돼야 한다.

허영심을 혐오한 철학자의 고집

비트겐슈타인은 허영심과 끊임없이 싸운 철학자다. 그는 자신의 지적 능력을 누구보다 잘 알고 있었지만, 그것이 허영으로 흐르는 것을 극도로 경계했다. 특히 철학이 자기 과시의 도구가 되는 것을 혐오했으며 사유는 오직 진리를 향해야 한다고 믿었다. 그가 허영심을 얼마나 경계했는지는 그의 기록에서 드러난다.

"어떤 행위든 그 안에 한 조각이라도 허영심이 스며든다면, 안타깝게도 그 순수함은 흐려지고 만다."

비트겐슈타인은 철학과 학문의 본질이 허영에 의해 훼손되는 것을 막기 위해 끊임없이 자신을 검열했다. 그는 케임브리지대학교에서 철학을 공부하며 자신의 통찰이 비범하다는 사실을 깨달았다. 그의 지도 교수였던 러셀조차 그를 천재라 칭할 정도였다. 하지만 그는 학문적 명성을 얻거나 철학자로서 권위를 구축하는 것에 관심이 없었다. 토론 중 자신의 사유가 충분히 명확하지 않다고 느끼면 그는 스스로 논의를 중단하고 물러났다. 러셀이 그에게 철학을 계속할 것을 권하자 그는 이렇게 대답했다.

"내가 철학을 계속해야 하는 이유가 내 이름을 떨치기 위해서라면 그것은 아무 의미가 없습니다."

비트겐슈타인에게 철학은 명성을 위한 것이 아니라, 진리를 탐구하기 위한 것이어야 했다. 그의 대표작 《논고》는 철학적 언어의 본질을 다룬 혁신적인 저작이었다. 그러나 그는 이 책을 출판하는 것을 끝까지 망설였다. 책의 마지막 문장은 이렇게 끝난다.

"말할 수 없는 것에 대해서는 침묵해야 한다."

비트겐슈타인은 역설적으로 자신의 저서가 '말할 수 없는 것'을 말하려는 시도가 되지는 않을까 고민했다. 자신의 철학이 학문적 논쟁의 도구가 되거나, 단순한 철학적 이론으로 소비되는 것을 원치 않았던 것이다. 그의 철학은 사람들에게 인정받는 것이 아니라 언어가 사고를 규정하는 방식을 명확히 드러내는 것이 목적이었다. 출판 후에는 《논고》가 오해받고 있음을 느끼고 철학을 떠나기도 했다. 또한 그는 1939년, 케임브리지대학교에서 교수직을 제안받았지만 학문적 권위가 철학자로서의 본질을 훼손할 수 있다고 우려했다. 그는 강의 중 학생들에게 말했다.

"철학이 명성을 위한 학문이 된다면 그것은 죽은 것이다."

그에게 중요한 것은 학문적 업적이 아니라 깊이 있는 사유였다. 한번은 한 학생이 철학적 개념을 화려하게 설명하려 하자 그는 단호하게 말했다.

"그렇게 말하면 너는 똑똑해 보이겠지만, 그것이 진리인가?"

결국 비트겐슈타인은 교수직을 내려놓으며 허영에서 벗어났다고 생각했다. 하지만 또 다른 형태의 허영이 자신 안에 남아 있음을 깨달았다. 그는 이렇게 고백했다.

"나는 교수직을 내려놓으며 비로소 허영심에서 자유로워졌다고 믿었다. 그러나 이제야 깨닫는다. 나는 여전히 허영심을 품고 있었다. 그것은 다름 아닌, 내가 쓰고 있는 책의 문체에 대한 집착 속에 숨겨져 있었다."

비트겐슈타인은 명예와 권위에서 벗어났다고 안심했지만 자신의 글을 다듬는 과정에서도 허영이 스며들 수 있음을 깨달았다. 그에게 허영심이란 단 한순간도 방심할 수 없는 내면의 적이었다.

허영을 버린다는 말의 의미

우리는 자신에게 솔직하다고 믿지만 실상 그렇지 않을 때가 많다. 특히 허영심이 개입하면 스스로에게 거짓말을 하며 본래의 목적을 잃어버리기 쉽다. 비트겐슈타인은 이를 철저히 경계했다. 그는 말했다.

"스스로에게 거짓말을 하거나, 자신의 의지 상태를 속이는 것은 반드시 글의 스타일에도 나쁜 영향을 미친다. 그 순간부터 글에서 무엇이 진실이고 가짜인지 구별할 수 없게 되기 때문이다."

쓸데없는 허영심은
끝없는 미로를 헤매게 한다.

비트겐슈타인이 말한 '스타일'이란 문체나 표현 방식이 아니다. 삶의 태도, 철학적 사유 방식, 사고의 진정성을 뜻한다. 허영이 개입하는 순간 우리는 자신을 속이게 되고 그렇게 형성된 사유는 가짜가 된다. 진리를 탐구하는 것이 아니라 그럴듯해 보이는 말을 하는 것이다. 시간이 지나면 우리는 스스로가 만든 허영의 이미지 속에서 길을 잃는다.

철학이든, 학문이든, 자기계발이든 무엇을 배우고 생각하든 중요한 것은 진정성이다. 그가 교수직을 내려놓고도 자신의 글에서 허영을 발견하며 반성했던 것처럼 우리는 끊임없이 자신을 점검해야 한다.

허영이 위험한 이유는 단순한 과시욕 때문이 아니다. 그것은 우리의 사고를 흐리게 하고, 잘못된 선택을 하게 만들며, 결국 자신을 잃게 만든다. 그는 《비트겐슈타인과의 대화에 대한 비망록》에서 이렇게 말했다.

"상처 입은 허영심처럼 무서운 힘은 없다. 그것은 때때로 가장 깊은 악의 뿌리가 된다."

깊은 사유, 의미 있는 삶은 오직 솔직한 사고에서 시작된다.

허영을 버리고
깊은 깨달음으로 나아가기

허영심을 떨쳐내는 것은 결코 쉬운 일이 아니다. 우리는 남들에게 좋은 평가를 받고 싶고 자신의 사유가 가치 있다고 인정받고 싶다. 하지만 그 욕망이 사고를 흐리게 만든다면 결국 진리에서 멀어지고 만다.

비트겐슈타인은 철학에서 가장 중요한 덕목이 자기 자신에게 정직해지는 것이라 믿었다. 그것이 사유를 깊게 만들고 삶을 진실한 방향으로 이끌어 주기 때문이다. 그는 《철학 종교 일기》에서 이렇게 말했다.

"끝까지 정직하게 자신을 드러내지 못하는 것은, 결국 허영심이 그만큼 강하게 작용하기 때문이다."

비트겐슈타인은 평생 허영과 싸우며 철학을 탐구했다. 그는 철학이 보여 주기 위한 것이 돼서는 안 된다고 믿었다. 철학은 화려한 수사나 복잡한 논리를 위한 것이 아니라 삶을 명확하게 바라보게 하는 도구여야 한다고 생각했다. 그래서 그는 불필요한 철학적 논쟁을 피했고, 명성을 쫓지 않았으며, 때로는 철학을 떠나기도 했다. 그것이야말로 그가 진리를 향해 나아가는 방식이었다.

허영심을 버린다는 것은 단순히 명예나 평가에서 자유로워지는 것이 아니다. 그것은 스스로에게 더 정직해지는 일이며, 타인의 기대가 아닌 진정한 사유를 향해 나아가는 과정이다. 불필요한 과시를 걷어 내고 생각의 본질에 집중할 때 우리는 비로소 진짜 사유와 마주하게 된다. 그 순간부터 삶의 방향도 분명해진다. 당신은 지금 진리를 향하는가, 아니면 타인의 인정을 향하는가?

깊은 사유는 언제나 내면을 향한 정직한 질문에서 시작된다. 지금, 그 질문 앞에 당신을 세워라.

당신의 사유는 깊이를 향하는가?
아니면 박수를 향하는가?

25

고독할 수 없다면
단단해질 수 없다

—

고독

"이곳에서의 고독은 긴장과 함께하지만, 동시에 하나의 축복이
기도 합니다."

《비트겐슈타인의 추억》

마흔은 누구에게나 고독한 시기다. 삶의 중턱에서 문득, 누구
도 내 마음을 완전히 이해하지 못한다는 느낌이 짙어진다. 관계
는 여전하지만 마음은 점점 고립되고 혼자라는 자각이 깊어만
간다. 마흔의 고독은 외로움이 아니라 삶의 깊은 물음과 마주하
게 하는 시간이다. 그것은 타인의 시선이 아닌 오직 자기 자신의

내면을 응시하며 스스로를 단련하는 고요한 훈련의 순간이다.

비트겐슈타인은 평생 고독 속에서 사유했다. 외부 세계로부터 멀어질수록 그는 오히려 자신의 사고를 깊이 탐구했고, 철학이라는 도구로 삶을 더욱 명확하게 이해해 나갔다. 그에게 고독은 사고를 정교하게 다듬고 존재의 본질을 파악하는 시간이었다.

고독은 삶의 본질을 더욱 선명하게 들여다보는 기회다. 외부의 소음이 사라질 때 내면의 목소리는 더욱 또렷해지고 우리는 비로소 진정한 자신과 마주하게 된다. 고독 속에서 우리는 질문을 던지고, 깊이 사유하며, 깨달음을 얻을 수 있다. 그럴 때 삶은 더 단단해진다.

고독의 양면성,
고독과 함께 오는 깨달음

고독은 인간이 피할 수 없는 숙명이다. 하지만 그것을 어떻게 받아들이느냐에 따라 삶의 깊이는 달라진다. 비트겐슈타인은 평생 고독 속에서 철학을 탐구했다. 그는 사람들 사이에서도 외로움을 느꼈고, 혼자 있을 때조차도 내면의 소란과 싸워야 했다.

때때로 관계에서 위안을 얻기도 했지만, 사색과 몰입을 위해 세상과 거리를 두곤 했다. 그에게 고독은 단순한 고립이 아니었다. 그것은 사고를 정교하게 다듬고 삶의 본질을 선명하게 바라보는 시간이었다. 그는 깊은 사유가 필요할 때면 혼자만의 공간으로 들어갔다.

1913년, 그는 노르웨이의 외딴 오두막으로 떠나 문명과 단절된 삶 속에서 철학에 몰두했다. 이후에도 지칠 때마다 세상과 단절된 장소를 찾아 연구에 집중했다. 1937년, 다시 노르웨이로 떠난 그는 내면의 평온과 불안을 동시에 경험했다. 당시 그의 심경은 노먼 맬컴의 아내 리에게 보낸 편지에서 드러난다.

"이곳에서의 고독은 긴장을 동반하지만, 동시에 하나의 축복이기도 합니다."

비트겐슈타인에게 고독은 고통이었지만, 동시에 깨달음으로 가는 길이었다. 1948년, 그는 케임브리지대학교 교수직을 사임하고 아일랜드 로스로 떠났다. 바닷가의 작은 오두막에서 사색과 글쓰기에 몰두했지만 그는 여전히 고독의 양면성을 실감했다. 그는 맬컴의 아내에게 다시 편지를 보냈다.

"내 문제의 근원은 다름 아닌 나 자신입니다. 안타깝게도 그 문제는 어디를 가든 나를 따라다니는군요."

비트겐슈타인에게 고독은 단순히 환경의 문제가 아니었다. 그것은 자신과 마주해야 하는 내면의 도전이었다. 사람들과의 관계에서도 그는 복잡한 태도를 보였다. 누나의 집을 함께 설계했던 건축가 엥겔만에게 보낸 편지에서 그는 이렇게 말했다.

"평범한 사람들은 위안이 되면서 동시에 부담이기도 합니다."

사람들과의 교류는 비트겐슈타인에게 안도감을 주고 동시에 그를 지치게 했다. 결국 그는 다시 혼자를 선택했다. 고독 속에서 자신을 들여다보고, 깊은 사유를 가다듬기 위해서였다.

비트겐슈타인의 삶을 관통하는 핵심은 '깨달음'이었다. 그리고 깨달음은 오직 깊은 사색과 고독 속에서 가능하다고 믿었다. 1941년, 그는 가이 병원에서 일하며 극심한 육체적·정신적 피로에 시달리고 있었다. 이 시기 친구 롤런트 허트에게 보낸 편지에서 그는 이렇게 말했다.

"나는 대체로 외롭고, 다가올 시간이 두렵다. (…) 하지만 네가 행복하길 바라며, 지금 가진 것들에 감사할 수 있기를 기원한다."

비트겐슈타인은 철학자의 삶을 뒤로하고 보통 사람들 속으로 들어가려 했지만 그것이 진정한 위안을 주지는 못했다. 결국 그는 철저하게 내면의 문제와 마주해야 했다. 그렇게 인간은 고독을 피할 수 없다는 사실을 깨달았다. 환경을 바꾸거나 더 나은 조건을 찾는 것이 아니라 현재 자리에서 자신의 사고방식을 변화시키는 것이 핵심이었다.

아일랜드 레드크로스에서 홀로 연구하던 중 그는 제자 맬컴에게 편지를 썼다.

"여기에는 대화를 나눌 사람이 없네. 장점이기도 하지만, 한편으로는 아쉬운 점이기도 하지. 가끔은 진심 어린 우정을 느낄 누군가를 만나는 것도 좋은 일이야. 하지만 꼭 깊은 대화가 필요하진 않아. 때때로 미소를 주고받을 누군가가 있기만 해도 충분하지."

이 말은 고독에 대한 비트겐슈타인의 태도를 단적으로 보여 준다. 그는 깊은 대화를 원하면서도 때로는 단순한 미소 하나만으로도 충분하다고 여겼다.

그에게 고독은 깊은 사유와 깨달음을 위한 필연적인 과정이었다. 그는 철학을 통해 끊임없이 자신에게 질문을 던졌고, 그 질문으로 스스로를 단련했다. 마치 칼날을 연마하듯 고독 속에서 자신의 사고를 벼렸다.

우리는 끊임없이 타인의 의견과 정보에 노출된 채 살아간다. 사회의 기대에 맞추느라 바쁘고, 늘 주변의 평가에서 흔들린다.

하지만 이렇게 외부의 소음에 둘러싸인 삶에서 진정한 나를 찾기는 어렵다. 깊은 깨달음은 오직 고요 속에서 내면의 목소리에 귀 기울일 때 가능하다.

비트겐슈타인은 이를 누구보다 철저히 실천한 철학자였다. 그는 명성을 얻었음에도 대학의 번잡한 생활을 떠나 한적한 오두막에서 사유에 몰두했다. 군중 속에서도 외로움을 느꼈고 철저한 고독 속에서도 불안을 피할 수 없었다. 하지만 그는 고독을 회피하지 않았다. 오히려 적극적으로 받아들이며 철학적 사유의 도구로 삼았다.

두려울지라도
혼자가 되기를 피하지 마라

오늘날 우리는 스마트폰과 SNS, 끊임없이 쏟아지는 정보 속에서 살아간다. 침묵조차 어색하게 느껴질 만큼 고독을 애써 피하려 한다. 하지만 외부의 소음에 묻혀 살다 보면 결국 자기 자신을 잃어버리게 된다. 타인의 기대와 기준에 따라 살아가는 삶은 결코 진정한 삶이 될 수 없기 때문이다. 비트겐슈타인의 철학은 우리에게 중요한 교훈을 준다. 깊은 사유야말로 삶의 진정한 기쁨이라는 것이다. 그는 이렇게 말했다.

"내가 사유에서 느끼는 즐거움은 어쩌면 나 자신의 기묘한 삶에서 비롯된 것일지도 모른다. 이것이 과연 삶의 진정한 기쁨일까?"

고독 속에서 사유하는 일은 결코 쉽지 않다. 익숙한 환경을 떠나 홀로 남게 되면 외면했던 질문들이 밀려오고 억눌렀던 감정들이 떠오른다. 하지만 바로 그 순간, 우리는 깨닫게 된다. 고독이란 스스로를 단련하는 과정이며, 삶을 더욱 깊이 이해하는 여정이라는 것을.

그러니 고독을 두려워하지 마라. 피하려고 할수록 더욱 외로워질 뿐이다. 누구나 고독 속에서 흔들릴 수밖에 없지만, 그 과정 속에서 더 깊은 곳을 들여다볼 수 있다. 고독 속에서 시간이 흐르다 보면 자신이 진정으로 원하는 것은 무엇인지, 무엇을 두려워하고 피하려 하는지를 마주하게 된다. 바로 그 순간이 새로운 통찰이 시작되는 지점이다.

당신은 삶이 흔들릴 때
어떻게 자신을 다잡는가?

26

감정을
있는 그대로 인정하라

—

감정

"감정을 억제하면 겉으로는 평온해 보일지 몰라도, 내면 깊은 곳
에서는 균형이 깨지고 영혼은 점차 메말라 간다."

〈1931년 12월 14일 일기〉

마흔이 되면 감정을 숨기고 사는 데 익숙해진다. 기쁨조차 마
음대로 드러내지 못하고, 슬픔과 분노도 삭히며 산다. 슬픔과 분
노는 감춰야 한다고 배워 왔기 때문이다. 사회도 감정을 통제하
는 능력을 성숙의 기준으로 삼고 차분한 태도를 미덕으로 여긴
다. 그러나 감정은 억누른다고 사라지지 않는다. 우리 내면 깊은

곳에 숨어 있다가 어느 순간 예기치 못한 방식으로 표출된다.

비트겐슈타인은 감정을 인간 존재의 일부로 봤다. 감정을 외면하는 것은 자기 자신을 외면하는 것이고, 감정을 직시하는 것이 곧 자기 자신을 이해하는 길이라고 했다. 감정을 억누를수록 삶의 방향을 잃고 관계를 망가뜨릴 위험에 빠진다. 감정을 다루는 방식이 곧 삶을 살아가는 방식이기 때문이다.

감정은
철학적 문제다

감정은 결코 사소하지 않다. 감정은 우리가 생각하고 행동하는 방식을 결정짓는 숨겨진 토대다. 감정이 흔들리면 사고와 판단도 흔들리고, 감정이 분명할 때 우리는 더 분명한 결정을 내릴 수 있다. 비트겐슈타인은 철학을 자신의 내면을 비추고 바로잡는 과정으로 봤다. 철학이 내면을 비추는 거울이라면 감정 역시 그러하다. 우리는 단지 감정을 통제하거나 조절하는 것에 만족할 것이 아니라 감정을 통해 자신의 삶과 사고방식을 이해해야 한다.

"나는 그저 독자들이 자신의 뒤틀린 생각을 비춰 보고 스스로 바로잡을 수 있도록 돕는 거울일 뿐, 그 이상이 돼서는 안 된다."

비트겐슈타인은 언어가 사고를 규정한다고 했다. 마찬가지로 감정도 우리의 사고와 세계를 바라보는 방식을 규정한다. 분노에 빠지면 세상이 적대적으로 보이고 두려움이 크면 선택을 주저하게 된다. 이처럼 감정은 사고를 형성하고, 사고는 다시 우리의 현실을 만든다. 하지만 우리는 감정을 표현할 언어를 찾지 못할 때가 많다. 기쁨은 쉽게 표현한다. 하지만 슬픔과 분노는 억눌리기 쉽다. 표현되지 않은 감정은 무의식 깊이 들어가 삶을 지배하고, 무기력함, 불안감, 그리고 왜곡된 기대와 실망으로 나타나 우리를 괴롭힌다. 그는 이런 감정을 다루는 과정을 '자아의 구조를 해체하고 자신의 본질을 새롭게 세우는 것'이라 표현했다.

"당신이 쌓아 올린 자부심의 성채를 허물어야 한다. 그것은 두렵고도 고된 과정이다."

자부심은 우리 자신을 보호하는 방패지만 때로는 우리를 가두는 감옥이 되기도 한다. 자신이 옳다고 믿는 신념, 익숙한 사고 방식, 고정된 태도는 성찰을 방해한다. 우리는 그 견고한 성채를 허물고 새로운 시각을 얻어야 한다. 감정을 바라보는 것도 마찬가지다. 억누르거나 미화하지 말고 있는 그대로 바라봐야 한다. 감정을 부정하는 것은 다스리는 것이 아니라 어디까지나 자아를 방어하는 것일 뿐이다. 감정을 억누를수록 그것은 더 깊은 곳에

나를 지키던 자부심이 나를 가두고 있다면
이제는 그 벽을 부술 차례다.

서 우리를 조종한다.

비트겐슈타인은 감정을 어떻게 이해하고 다룰지 고민했다. 그는 감정이 사고를 흐트러뜨릴 수 있다고 보면서도 감정 없는 삶이란 인간 존재의 본질을 잃어버리는 것과 같다고 생각했다. 그의 초기 삶을 보면 감정을 극단적으로 통제하려 했던 모습이 드러난다. 그는 러셀을 만났을 때 자신이 천재적으로 사유한다고 확신했다. 철학적 논리를 통해 모든 것을 명확히 정의할 수 있다고 믿었다.

그러나 시간이 지나면서 논리에만 집중해 감정과 삶의 복잡성을 배제하는 태도가 오히려 사고를 제한할 수 있다는 사실을 깨달았다. 감정을 억누른다고 해서 사라지는 것이 아니라 오히려 내면에서 왜곡된 방식으로 작용한다는 것을 점점 더 깊이 이해한 것이다.

"진정으로 행복한 사람은 두려움에 사로잡히지 않는다. 죽음을 앞둔 순간에도 마찬가지다. 행복은 시간의 흐름에서가 아니라 오직 현재를 살아가는 데서 존재한다. 현재를 온전히 사는 삶에는 죽음이 개입할 수 없다. 죽음은 삶의 일부가 아니라 세계 안에서 경험할 수 없는 것이다."

감정을 온전히 느끼고 경험하는 것이야말로 현재를 사는 방식이다. 두려움에 사로잡히면 미래를 걱정하고 감정을 억누르면 과거에 얽매인다. 하지만 감정을 인정하고 받아들이는 사람은 비로소 현재를 살아갈 수 있다.

감정을 다루는
연습

비트겐슈타인은 감정을 억누른 채 살아가는 것이야말로 내면을 병들게 하는 길이라고 봤다. 감정을 부정하면 언젠가 예기치 않은 방식으로 표출된다. 그렇다면 우리는 감정을 어떻게 다뤄야 할까?

첫째, 감정을 직시해야 한다.

기쁨뿐만 아니라 슬픔과 분노도 삶의 일부다. 그러니 불편한 감정이 어디에서 비롯됐는지를 탐구해야 한다. 감정을 바라보는 것은 곧 자신의 사고방식을 점검하는 과정이다.

둘째, 감정을 언어화해야 한다.

표현되지 않은 감정은 무의식 깊이 자리 잡고 우리를 조종한다. 감정을 인식하고 적절히 표현할 때 우리는 비로소 그것을 다룰 수 있다. 감정을 분석하고 언어화하는 순간 우리는 감정의 지배에서 벗어나 그것을 주체적으로 다룰 수 있다.

셋째, 감정과 함께 살아가는 법을 배워야 한다.

감정을 다스린다는 것은 그것을 억누르는 것이 아니라 감정이 삶에 자연스럽게 흐르도록 두는 것이다. 감정이 우리의 사고를 망치지 않도록 균형을 잡는 것이다. 물살에 휩쓸리지 않고 물결을 타듯 우리는 감정과 함께 살아가는 법을 익혀야 한다.

감정을 억누르면 영혼이 병들고 삶의 균형이 깨진다. 그러나 감정을 직시하고, 언어화하며, 자연스럽게 받아들일 때 우리는 더 강해진다. 감정을 이해하는 과정은 곧 나 자신을 깊이 이해하는 과정이다. 그러니 감정을 부정하지 마라. 숨기려 하지도 마라. 오히려 그것을 인정하고, 이해하며, 자신을 더 깊이 들여다봐라. 그것이야말로 비트겐슈타인이 말한 '진리를 발견하는 과정'이다.

당신은 감정을 이해하는 사람인가?
아니면 감정을 부정하는 사람인가?

27

문제 삼지 않으면
문제가 사라진다

—

본질

"삶이 여전히 무겁고 힘겹다. 아직 깨달음에 이르지 못했다."

〈1916년 4월 10일 일기〉

삶은 때때로 감당하기 어려운 무게로 다가온다. 고민은 끝이 없고 사유는 깊어질수록 명쾌해지지만 때론 혼란을 줄 때가 있다. 정신은 지쳐가고 행복은 멀게만 보인다. 비트겐슈타인도 우리처럼 인생의 길 위에서 방황하며 "삶이 여전히 무겁고 힘겹다. 아직 깨달음에 이르지 못했다"라고 고백했다.

그는 깨달음이 없을 때 삶이 얼마나 힘겨운지 절감했다. 같은 날, 그의 일기에는 이런 문장이 덧붙어 있다.

"오늘 거울을 보니, 내 얼굴이 움푹 꺼져 있었다."

깨달음이 없을 때 삶은 끝없는 의문과 지친 얼굴로 남는다. 그러나 어느 순간 우리는 문득 깨닫는다. 인생은 삶의 무게를 줄이는 것이 아니라 그 무게를 감당하는 법을 배우는 과정임을. 사유가 길을 내고, 정신이 자유로워지며, 삶을 바라보는 시선이 달라질 때 비로소 세계도 달라진다.

깨달음은 현실을 바꾸는 것이 아니라 현실을 대하는 우리의 태도를 바꾸는 것이다. 그 순간부터 우리는 더 깊이 이해하고, 삶의 무게를 견디며, 행복을 누리는 존재가 된다.

삶의 무게를 감당하는 법을 배우는 것이 인생이다

삶이 무겁게 느껴지는 것은 자신이 원하는 대로 세상이 움직이지 않기 때문이다. 우리는 항상 삶을 통제하려 하다가도 예상치 못한 고통과 실패 앞에서 좌절한다.

"아직도 어둠 속에서 비틀거리고 넘어진다. 아직도 생명을 얻어

깨어나지 못했다.”

비트겐슈타인조차도 그런 무게에서 자유롭지 않았다. 그 역시 깨달음에 쉽게 도달하지 못했다. 끊임없는 의심과 자기 성찰 속에서 절망과 희망을 번갈아 맛봤고, 결국 하나의 결론에 이른다. 세상의 고통 자체는 없앨 수 없지만, 그것을 대하는 태도는 바꿀 수 있다는 것을 말이다.

“우리가 원하는 대로 행동할 수 없고, 세상의 온갖 고통을 겪어야 한다면, 과연 행복해질 수 있을까? 피할 수 없는 삶의 비참함 속에서도 행복할 수 있는 길이 있을까? 그것은 바로 깨달음을 통해 가능하다.”

깨달음은 삶의 고통을 외면하지 않고 ‘무엇이 진정 중요한지’ 명확히 이해하는 과정이다. 돈, 명예, 높은 지위, 남들의 인정 같은 성공과 안락함에 집착하면 결코 만족할 수 없다. 그러나 삶의 본질을 직시하면 불행해 보이는 상황에서도 깊은 평온을 얻을 수 있다. 이런 삶의 이치를 비트겐슈타인은 《논고》에서 이렇게 표현했다.

“인생의 문제는 직접 해결하려고 애쓰기보다 그 문제가 더 이상 문제가 되지 않을 때 자연스럽게 사라진다."

우리는 종종 삶의 의미를 찾기 위해 끊임없이 질문을 던진다. 하지만 진정한 깨달음에 이르면 질문 자체가 사라진다. 우리가 무엇을 원하고 무엇을 걱정해야 하는지를 스스로 분명히 이해할 때 삶의 무게는 더 이상 우리를 짓누르지 않는다. 그제서야 우리는 고통 속에서도 흔들리지 않는 중심을 찾게 된다.

조건을 바꾸지 말고
조건을 대하는 태도를 바꿔라

비트겐슈타인의 삶은 끊임없는 변화의 연속이었다. 그는 부유한 가정에서 태어나 최고의 교육을 받았지만 전쟁터로 향했고, 시골 교사로 일했으며, 마치 수도승처럼 검소한 삶을 살았다. 건축가로도 활동했고, 제2차 세계 대전이 발발했을 때는 군 병원에서 환자들을 돌보는 일을 선택했다. 학자로서는 안정된 자리에 머물 수도 있었다. 하지만 그는 끊임없이 '자신이 진정 있어야 할 곳'을 찾기 위해 움직였다.

"네가 지금 당장 케임브리지대학교를 떠나는 것이 중요하다. 그 곳은 너에게 맞는 환경이 아니다."

비트겐슈타인은 주어진 조건을 바꾸는 대신 그 조건 속에서 스스로를 새롭게 세우려 했다. '자신의 공기를 스스로 제조한다'는 말은 깨달음이 외부 환경이 아니라 내면의 태도에서 비롯된다는 것을 잘 보여 준다. 그는 케임브리지대학교가 주는 학문적 공기가 제자 드루어리에게 맞지 않다고 느껴지자 과감히 떠날 것을 조언하기도 했다. 환경보다 더 중요한 것은 그 환경에서 존재를 지키고 성장시키는 것이기 때문이다.

"나는 나의 철학이 이렇기를 바란다. 세상은 그대로지만, 그것을 바라보는 시선이 달라진다."

삶이 고통스러운 것이 아니라 그저 우리가 고통스럽게 받아들이고 있음을 깨닫게 한 것이다. 깨달음이 오면 삶은 더 이상 무겁지 않다. 모든 것이 변하지 않아도 그것을 보는 눈이 달라졌기 때문이다.

깨달음은 거창하거나 신비로운 지혜가 아니다. 우리가 이미 살고 있는 현실에서 무엇을 보고 어떻게 받아들일 것인가에 달려 있다. 문제를 해결하려 애쓰는 대신 문제를 문제로 여기지 않는 태도를 배우는 것이 중요하다. 불필요한 집착을 놓아 버릴 때 우리는 진짜 고민에 집중할 수 있고 사소한 문제로 삶이 흔들리는 일을 줄일 수 있다.

비트겐슈타인은 철학이 현실과 동떨어진 어려운 이론이 아니라 삶을 더 나아가게 만드는 실용적인 도구가 돼야 한다고 봤다. 그가 끊임없이 삶을 변화시킨 이유도 바로 여기에 있다.

우리는 때때로 삶의 무게 앞에서 멈춰 서곤 한다. 하지만 깨달음이 찾아오는 순간 무거웠던 것들이 더 이상 우리를 짓누르지 않는다. 모든 것이 변하지 않아도 우리가 그것을 바라보는 시선이 바뀌었기 때문이다.

삶의 본질은 쉽게 변하지 않는다. 그러나 우리가 세상을 바라보는 방식이 달라지면 삶은 이전과는 비교할 수 없이 가벼워진다. 불필요한 것들을 내려놓고 본질에 집중하는 순간, 우리는 삶의 무게에 짓눌리는 존재에서 삶을 온전히 살아가는 존재로 변화한다. 깨달음이란 그렇게 우리 삶을 더욱 단단하게 만들어 주는 것이다.

지금 바라보는 시선을 바꾸면
무엇이 달라질 수 있겠는가?

28

철학은
시다

—

창의

"철학은 본래 시처럼 쓰여야 한다. 이 한마디가 내가 철학을 바라보는 태도를 가장 잘 설명해 준다."

《문화와 가치》

삶을 살다 보면 누구나 답을 찾기 어려운 순간을 맞닥뜨린다. 길을 잃은 듯 막막할 때, 복잡한 생각들이 머릿속을 채울 때, 우리는 방향을 잃고 헤맨다. 이럴 때 철학은 새로운 길을 열어 준다.

하지만 철학은 여전히 낯설고 어렵다. 철학서를 펼치면 복잡한 논리와 낯선 개념들이 차갑게 얽혀 있어 쉽게 다가가기 어렵다. 그러나 철학은 우리를 혼란에 빠뜨리는 것이 아니라 언어를 통해 세계를 새롭게 발견하는 과정이자 우리 사고의 지평을 넓혀 주는 창조적인 여정이다. 좋은 철학은 마치 좋은 시처럼 마음을 울리고 논증과 분석을 넘어 깊은 성찰과 통찰로 이끈다. 그래서 비트겐슈타인은 "철학은 본래 시처럼 쓰여야 한다"라고 했다.

인생의 복잡함과 모순 속에서도 아름다움을 발견하고 막연했던 질문들이 명확한 빛을 얻는 순간 철학은 비로소 살아 숨쉬기 시작한다. 철학이 우리 삶과 맞닿아 있는 이야기라면 철학을 배우는 것은 더 이상 힘겨운 일이 아닐 것이다.

이제 철학을 시처럼 만나자. 언어의 힘으로 사고의 경계를 넓히고, 삶을 더욱 깊이 이해하며 새로운 시선을 가져 보자. 철학이 우리 삶 속에서 살아 숨 쉬는 통찰이 될 수 있도록.

철학은 언제나
삶과 이어져야 한다

비트겐슈타인은 철저히 논리주의를 지향했다. 그는 초기 저작 《논고》에서 철학을 언어의 한계를 밝히는 작업으로 보고 명확한 논리적 분석을 통해 세계의 본질을 규명해야 한다고 믿었다. 하지만 그의 철학은 변화했다. 《철학적 탐구》에서는 언어가 삶 속에서 다양한 방식으로 사용된다는 점을 강조했다. 또한 철학이 엄격한 논증의 틀에 갇혀서는 안 된다고 주장했다. 철학은 언어의 유연성과 다층적 의미를 탐색하는 과정이어야 한다는 것이다. 그가 "철학을 시처럼 써야 한다"고 주장한 이유도 여기에 있다. 이는 단순히 철학이 미학적 형식을 갖춰야 한다는 뜻이 아니다. 철학이 우리의 삶과 연결돼 언어를 통해 새로운 인식과 통찰을 불러일으켜야 한다는 의미다. 시가 단어 하나하나에 감각과 의미를 실어 표현하듯 철학 역시 언어를 통해 깊은 사유를 일깨워야 한다는 것이다. 그는 《철학적 문법》에서 이렇게 말했다.

"모든 말은 단순한 의미를 넘어 그 말만이 지닌 고유한 영혼을 품고 있다. 시는 그런 영혼들이 모여 엮인 무엇과도 바꿀 수 없는 마음의 결실이다."

이는 철학이 언어의 틀을 넘어 인간의 경험과 감각 깊숙이 도달해야 한다는 의미다. 언어는 그것을 사용하는 사람들의 삶과 분리할 수 없으며 각각의 말은 맥락과 경험 속에서 고유한 의미를 지닌다.

지나치게 추상적인 철학은 현실과 동떨어진 공허한 이론이 되기 쉽다. 하지만 시처럼 쓰인 철학은 언어를 통해 사고를 일깨우고 감각을 열어 주며 독자가 스스로 사유하고 깨닫도록 만든다. 철학이 삶에서 살아 움직이는 통찰이 될 때 우리는 비로소 철학을 경험하게 된다. 비트겐슈타인은 《문화와 가치》에서 이렇게 강조했다.

"철학은 본래 시처럼 써야 한다. 이 한마디가 내가 철학을 바라보는 태도를 가장 잘 설명해 준다."

생각에 씨를 뿌렸다면
결실을 맺도록 가꿔라

비트겐슈타인이 "철학을 시처럼 써야 한다"라고 말한 것은 1930년대 중반, 그가 마흔 중반에 접어들 무렵이었다. 마흔의 시점에 이르러 그는 이전과는 다른 방식으로 철학을 바라보기 시작했다. 논리와 분석으로 세계를 정리하려 했던 젊은 시절을 지나 언어가 닿지 못하는 삶의 진실을 붙잡으려 했다.

시의 언어는 일상의 언어가 미처 담아내지 못한 진실을 포착한다. 말하지 않은 것을 말하게 하는 힘을 지닌다. 그는 철학도 그렇게 언어 너머의 본질을 드러내야 한다고 봤다.

시인은 세계를 새롭게 보기 위해 단어 하나를 쓸 때도 고심한다. 낡은 습관과 뻔한 표현을 깨뜨리고 사유를 새로운 차원으로 이끈다. 적절한 단어가 없을 때는 비유를 사용한다. 비트겐슈타인은 이런 시인의 태도를 간파하고, 철학도 마찬가지로 사고를

머리에 들어온 모든 생각은
내 것으로 만드는 과정이 필요하다.

신선하게 만드는 비유를 적극 활용해야 한다고 강조했다. 그는 《문화와 가치》에서 이렇게 말했다.

"탁월한 비유는 지성을 깨우고, 사고를 신선하게 만든다."

좋은 비유는 단순한 수사적 장치가 아니다. 그것은 복잡한 개념을 단순하고 명확하게 정리해 주며 익숙한 사고의 틀을 깨고 새로운 시각을 발견하도록 돕는다. 그러나 좋은 비유를 떠올리는 것만으로 깊은 철학적 사고가 자동으로 완성되는 것은 아니다. 비트겐슈타인은 《문화와 가치》에서 이렇게 말했다.

"생각의 씨를 뿌리는 것과 그것이 결실을 맺도록 가꾸는 것은 전혀 다른 일이다."

비유를 통해 직관적인 깨달음을 얻었다 하더라도 그것을 깊이 고민하고 자신의 것으로 만드는 과정이 뒤따라야 한다. 씨앗을 뿌린다고 저절로 열매가 맺히지 않듯 사유도 끊임없는 숙고와 탐구를 거쳐야 비로소 결실을 맺는다. 씨앗이 자라 열매를 맺기 위해 비에 젖고 바람에 흔들리듯 사유도 불편함과 혼란을 감수해야 한다. 익숙한 신념이 흔들리고 편안했던 사고의 틀이 무너지는 고통을 겪을 때도 있다. 하지만 그 모든 과정을 거치고 나서야 우리는 철학을 통해 진정한 깨달음에 다가설 수 있다.

"철학은 시처럼 써야 한다"라는 그의 말은 우리의 삶과 언어가 얼마나 긴밀히 연결돼 있는지 깨닫게 한다. 우리가 일상에서 쓰는 말이 우리의 사고방식과 선택을 결정한다면 언어를 어떻게 다루느냐는 곧 삶을 어떻게 살아가느냐를 의미한다.

그러나 많은 사람이 언어를 습관적으로 사용한다. 언어 안에 담긴 의미를 깊이 고민하지 않는다. 그러다 보니 삶에서 맞닥뜨리는 다양한 문제 앞에서 늘 비슷한 방식으로 사고하고, 같은 답을 반복하며, 변화의 가능성을 놓쳐 버린다.

이제는 시인의 태도로 세상을 바라보고 말해야 한다. 시인은 낡고 진부한 표현을 넘어 더 명확하고 진실한 언어를 찾아낸다. 숨겨진 진실을 드러내고, 우리가 미처 보지 못한 세계를 밝힌다. 우리 역시 삶에서 마주하는 고민과 혼란 앞에서 무심코 던지는 말이 아니라 더 깊은 의미를 담은 언어를 선택해야 한다.

좋은 비유 하나가 막혀 있던 사고의 길을 열어 주듯 사용하는 말이 바뀌면 생각이 바뀌고, 생각이 바뀌면 결국 삶이 바뀐다. 철학적 사유는 멀리 있는 것이 아니다. 우리가 매일 사용하는 언어를 새롭게 바라보고 그것을 통해 삶을 다시 발견하는 과정 자체가 철학이다.

이제부터 우리가 하는 말 한마디, 떠올리는 생각 하나에도 시인의 숨결과 철학자의 통찰을 담아 보자. 신중하게 가꾼 언어는 삶을 변화시키고, 내면을 더 깊은 깨달음으로 이끌 것이다. 오늘 당신이 말하는 단어 하나가 새로운 사유의 시작이 될 수 있다.

당신은 지금 생각의 씨앗을 심고
그것이 자라도록 가꾸고 있는가?

진리는 항상
내가 서 있는 곳에 있다

—

발견

"깊은 깨달음을 얻기 위해 먼 길을 떠날 필요는 없다. 답은 언제나 당신이 서 있는 바로 그곳에 있다."

《문화와 가치》

우리는 때때로 삶의 의미와 답을 먼 곳에서 찾으려 한다. 새로운 철학서, 현자의 조언, 혹은 경험해 보지 않은 낯선 세계에서 진리를 발견할 수 있을 것이라 기대한다. 그러나 아이러니하게도 진리는 늘 우리 가까이에 있다. 다만 우리가 그것을 보지 못할 뿐이다.

비트겐슈타인은 철학을 '명확하게 보는 능력'이라고 말했다. 그래서 새로운 개념을 창조하기보다는 이미 존재하는 것을 더 선명하게 바라보는 법을 배워야 한다. 진리는 멀리 있는 것이 아니라 바로 우리가 서 있는 자리에서 발견되는 것이기 때문이다. 그의 철학은 진리를 찾아 나서는 것이 아니라 이미 존재하는 진리를 깨닫는 과정이었다.

우리는 불확실한 미래 속에서 끊임없이 정답을 찾으려 한다. 그러나 이보다 더 중요한 것은 지금 마주하는 것들을 온전히 이해하는 것이다. 진리는 멀리 있지 않기에 그렇다.

너무 가까워서
보이지 않는 것

우리는 종종 삶의 의미를 먼 곳에서 찾으려 한다. 새로운 철학을 탐구하고, 더 나은 삶의 지혜를 얻기 위해 여행을 떠나며, 자기 시야 너머에 있는 것에서 해답을 구하려 한다. 하지만 정작 진리는 가까이에 있을지도 모른다. 비트겐슈타인은 이렇게 말했다.

"사물의 가장 본질적인 측면은 너무 단순하고 익숙하기 때문에 오히려 눈에 띄지 않는다. 그것은 언제나 우리 눈앞에 있지만 우리는 쉽게 알아채지 못한다."

우리가 찾으려는 진리는 우리 눈에는 이미 너무 익숙해 더 이상 보지 못하는 것일 수도 있다는 것이다. 비트겐슈타인은 명망 높은 오스트리아의 철강 재벌 가문에서 태어났다. 삶은 안락했을지 모르지만 그는 물질적 풍요 속에서도 삶의 본질에 대한 끊임없는 의문을 품었다. 그는 결국 철학을 통해 인간이 어떻게 세계를 이해하는지 탐구하는 길로 들어섰다.

그는 철학을 이미 존재하는 것을 더 명확하게 보는 행위라고 생각했다. 이미 경험하고 있는 세계를 더욱 선명하게 인식하는 과정이라는 것이다. 마치 익숙한 풍경 속에서 새로운 아름다움을 발견하는 것처럼 말이다.

제1차 세계 대전이 발발하자 그는 부유한 집안의 특권을 포기하고 지원병으로 참전했다. 전장 한가운데에서 《논고》를 집필하며 극한의 환경에서도 인간 존재와 언어의 본질을 탐구했다. 그는 불확실한 미래 속에서 해답을 찾기보다는 지금 자신이 마주하는 현실을 철저히 이해하는 것에 몰두했다. 그러나 이 일이 쉽지 않았음을 그는 《문화와 가치》에서 고백했다.

"눈앞에 분명히 존재하는 것을 바라보는 게 이토록 어려운가?"

진리는 당연하다고 여겼던 것, 익숙한 풍경, 평범한 일상에 숨어 있다. 그러나 우리는 그것을 보지 못한 채 계속해서 먼 곳을 바라본다. 삶의 의미와 깨달음은 거창한 철학서나 현자의 가르침 속에만 있는 것이 아니다. 비트겐슈타인의 말처럼 진리는 우리 곁에 있으며 우리가 그것을 인식하는 순간 전혀 다른 세계가 펼쳐질 수 있다. 중요한 것은 눈앞에 있는 것에 대한 나의 인식을 바꾸는 것이다. 우리는 흔히 목표를 향해 달려가면서 그것이 가까워지고 있다고 착각한다. 하지만 그는 이렇게 말했다.

"안개 속에서는 목표가 가까이 있는 듯 보일 수도 있다. 그러나 안개가 걷히고 나면 정작 목표는 시야에조차 들어오지 않을 수도 있다."

추구하는 진리나 목표가 멀리 있는 것처럼 느껴지는 때도 많지만 어쩌면 우리가 안개 속에 서 있기 때문에 보이지 않는 것일지도 모른다. 비트겐슈타인은 삶의 진리를 찾아 여러 곳을 넘나들었다. 사람의 발길이 닿지 않는 움막, 바닷가의 작은 마을, 오스트리아의 시골, 수도원과 병원에서 다양한 삶의 방식을 경험하며 자신이 바라던 철학적 실천이 무엇인지 끊임없이 고민했다. 그러면서 그는 깨달았다. 철학이란 삶과 동떨어진 추상적 사유가 아니라 우리가 발을 딛고 서 있는 현실 속에서 발견돼야 한다는 것을 말이다.

그 과정에서 그는 기존의 사유 체계를 무너뜨리고 다시 새로운 통찰을 발견했다. 삶의 의미를 극적인 경험에서 찾는 것이 아니라 지극히 평범한 일상에서 발견하는 것이야말로 가장 근본적인 철학이라는 점을 인식한 것이다. 그는 《논고》에서 말했다.

"지금까지 살아온 방식 그대로 살아간다면, 세상은 여전히 변함없을 것이다. 그러나 삶의 방식을 바꾸는 순간, 세상도 새로운 얼굴을 드러내며 더 넓어질 것이다."

생각을 바꾸고 삶의 태도를 변화시키면 세계를 바라보는 방식도 완전히 달라진다. 비트겐슈타인은 결국 철학자의 길로 돌아왔다. 하지만 학문적인 명성을 쫓는 대신 소수의 학생 및 동료들과 깊이 있는 대화를 나누며 자신의 철학을 발전시켜 나갔다. 그렇게 삶의 진리를 지금 서 있는 자리에서 발견해야 한다는 확신을 가졌다. 그는 오늘의 주어진 하루에 집중하며 철학을 단순한 지적 사색이 아니라 현실의 실천으로 이해했다.

나를 둘러싼 진리를 어떻게 발견할 것인가

비트겐슈타인의 철학이 우리에게 주는 메시지는 분명하다. 진리는 먼 곳에 있지 않으며 그것을 찾기 위해 특별한 여정을 떠날 필요도 없다. 우리가 지금 서 있는 자리에서 우리가 바라보는 방식만 바꿀 수 있다면 이미 우리 곁에 있던 진리를 발견할 수 있다. 삶을 바라보는 태도를 바꾸는 순간 새로운 세계가 펼쳐지는 것이다. 그렇다면 우리는 어떻게 그의 철학을 삶에 적용할 수 있을까?

첫째, 해답을 찾지 말고 깊이 관찰하라.

마흔이 되면 인생의 문제는 더 이상 간단한 선택지가 아니다. 하지만 지금의 상황을 있는 그대로 더 명확히 바라보는 노력이 중요하다. 익숙하다는 이유로 넘겨짚지 말고 눈앞의 삶에서 진짜 무엇이 중요한지를 새롭게 관찰하라.

둘째, 언어 습관을 점검하라.

마흔의 삶은 이미 굳어진 말투와 생각의 틀로 굴러가기 쉽다. 그러나 말이 바뀌면 생각도 바뀐다. "왜 이렇게 안 풀리지?" 대신 "어떤 방식이 나에게 더 맞을까?"라고 말하라. 언어를 바꾸는 순간, 새로운 가능성이 열린다.

셋째, 흐름대로 살아가라.

마흔의 우리는 늘 무언가를 해결하려 애쓰지만, 때로는 받아들이고 흘러가는 것이 더 지혜로운 선택이 될 수 있다. 정답을 찾기보다 지금 주어진 흐름 속에서 무엇을 배울 수 있는지를 생각하라. 흐름을 이해할 때 지금 여기에도 진리가 있다는 것을 깨닫게 된다.

진리는 멀리 있지 않다. 지금, 여기 당신이 깨닫는 순간, 그것은 선명하게 드러난다. 더 이상 해답을 먼 곳에서 찾으려 하지 말자. 당신이 서 있는 자리에서 당신의 시선을 바꾸면 세계가 달라지기 시작한다. 모든 중요한 것은 이미 당신 곁에 있다. 지금 이 순간을 온전히 바라보는 것부터 시작하라.

당신은 지금 진리를 외면한 채 그냥 지나가는 중인가?
아니면 그 진리를 마주할 준비가 됐는가?

5장

•

어떤 인생이
의미 있는가

비트겐슈타인의 삶의 의미

Ludwig Josef Johann Wittgenstein

30

진짜 혁명가는
나를 바꾸는 사람이다

—

혁신

"너 자신을 먼저 변화시켜라. 그것이야말로 세상을 더 나은 곳으로 만들 수 있는 유일한 방법이다."

《비트겐슈타인 평전》

모두가 지금보다 더 나은 삶을 꿈꾼다. 더 나은 환경, 더 공정한 사회, 더 올바른 인간관계를 원한다. 하지만 정작 중요한 사실을 놓치고 있다. 가장 먼저 바뀌어야 할 대상은 바로 나 자신이다.

대부분 바깥의 문제를 먼저 해결해야 한다고 생각한다. 하지만 가장 먼저 해결해야 할 것은 내면이다. 사람들은 세상을 향한 불만과 기대는 많지만 정작 스스로 얼마나 성장하고 변화했는지는 돌아보지 않는다. 불완전한 자신을 뒤로하고 더 나은 세상을 꿈꾸는 것은 기초가 흔들리는 건물 위에 불안전한 구조물을 새롭게 짓는 것과 같다. 사람들은 변화를 원하면서도 익숙한 패턴에서 쉽게 벗어나지 못한다. 필요성을 말하면서도 기존의 사고방식과 현실에 머문다. 새로운 시도보다 익숙한 것을 유지하는 편이 더 쉽고 편하기 때문이다. 그러나 자기 혁신은 본질적으로 불편함을 감수하는 과정이다. 한 걸음 나아가기 위해서는 기존의 사고방식을 의심하고, 낡은 습관을 버리며, 더욱 명확한 자기 자신을 세워야 한다. 변화는 바깥에서 오지 않는다. 스스로가 먼저 바뀔 때 비로소 더 나은 삶이 시작된다.

변화는 자신을
단련하는 것에서 시작된다

비트겐슈타인은 변화와 개선을 위해 자신을 단련하는 것이 필수적이라고 믿었다. 단순한 사유의 변화만으로는 충분하지 않다고 봤으며, 자신을 변화시키기 위해서는 불필요한 것들을 내려놓아야 한다고 생각했다. 전쟁이 끝난 후 그는 막대한 유산을 물려받았다. 그러나 그는 재산을 형제와 지인, 그리고 예술가들에게 나눠 줬다. 그에게 남은 건 단출한 방 한 칸과 몇 점의 가구뿐

세속적인 것들에서 벗어나지 못한다면
결코 자유로워질 수 없다.

이었다. 그는 재산을 포기한 이유를 조카인 존 스톤버러에게 이렇게 설명했다.

"높은 산에 올라갈 때는 무거운 배낭은 내려놓고 출발해야 한다."

비트겐슈타인에게 재산은 정신적 성장과 철학적 탐구를 방해하는 무게였다. 그는 물질적 풍요가 인간을 안락하게 만들지만 동시에 나태하게 한다고 생각했다. 삶을 깊이 성찰하고 철학을 탐구하기 위해서는 세속적인 것들로부터 자유로워야 한다는 것이다. 그래서 그는 자신의 철학적 여정을 위해 재산을 내려놨다.

이는 단순한 금욕이 아니었다. 자신을 혁신하기 위한 실천이었다. 우리가 더 나은 삶을 원하면서도 쉽게 바뀌지 않는 이유도 이와 같다. 우리는 너무 많은 것을 움켜쥐고 있다. 과거의 후회, 실패의 상처, 타인의 기대, 필요 이상의 소유물, 이 모든 것이 우리를 가로막는다. 하지만 자기 혁신을 원한다면 먼저 자신이 붙잡고 있는 것들을 점검해야 한다. 그는 말했다.

"너 자신을 먼저 변화시켜라. 그것이야말로 세상을 더 나은 곳으로 만들 수 있는 유일한 방법이다."

그에게 변화는 외부 환경을 바꾸려는 시도가 아니라 자신의 사고방식과 삶의 태도를 점검하는 작업이었다. 이때 불필요한 짐을 내려놓지 않는다면 새로운 길로 나아갈 수 없다.

우리에게 필요한 것은
뜨거운 열정이다

비트겐슈타인은 철학을 논하기만 하는 사람이 아니었다. 그는 철학을 직접 실천하며 살아야 하는 것으로 여겼다. 자신을 끊임없이 개선하는 실천적 과정이어야 한다고 믿은 것이다. 그는 삶 속에서 자신의 신념을 계속해서 시험하며 이를 머릿속 생각에 머물지 않고 행동으로 옮겼다.

"타인의 작은 실수는 확대해서 보며 크게 여기지 마라. 반대로 자기 잘못은 축소해서 보며 사소한 것이라 넘기지 마라."

우리는 흔히 타인의 실수는 크게 보고 자신의 실수는 작게 보려 한다. 하지만 비트겐슈타인은 자기 혁신의 핵심이 자신의 결점을 정직하게 마주하는 것이라고 생각했다. 그는 결코 자신을 합리화하지 않았다. 자신의 부족함을 외면하지 않았으며 잘못을 인정하는 데서 멈추지 않고 이를 바로잡기 위해 노력했다.

그의 삶에서 이를 증명하는 대표적인 사례가 있다. 그는 교사로 일할 때 학생들을 체벌했던 일을 후회했다. 이후 직접 학생들을 찾아가 진심 어린 사과를 전했다. 그는 자신의 실수를 덮어두지 않았다. 진정한 변화는 과거를 반성하는 것을 넘어 그 반성을 행동으로 옮기는 것이라는 사실을 누구보다 잘 알고 있었다.

"진정한 혁명가는 스스로를 변화시킬 수 있는 사람이다."

자신을 혁명한다는 것은 과거의 자신을 부수고 더 나은 존재로 다시 태어나는 것을 의미한다. 누구나 자신의 단점을 인식할 수는 있지만 그것을 바꾸기 위해 행동하는 것은 어렵다. 하지만 스스로 변화하지 못하는 사람은 세상을 변화시킬 수도 없다. 세상을 바꾸는 혁명은 언제나 자기 자신을 변화시키는 것에서 시작된다. 비트겐슈타인은 철학자로서 명성을 쌓은 후에도 결코 자만하지 않았다. 그는 끊임없이 자신을 의심하고 점검했다. 자기혁신은 한 번으로 끝나는 일이 아니라 지속적인 과정이라는 것을 그는 알고 있었다.

"영광에 취해 자만하는 것은 마치 눈 덮인 산을 오르다 방심하는 것과 같다. 잠시라도 방심하면 끝없는 추락을 맞이할 것이다."

비트겐슈타인은 《논고》를 통해 철학적 체계를 구축하며 명성을 얻었지만 자신의 사유가 완결됐다고 생각하지 않았다. 그래서 그는 철학에서 한 걸음 물러났다. 하지만 시간이 지나며 오히려 자신의 한계를 깊이 자각했다. 더 근본적인 탐구가 필요하다는 깨달음이었다. 그것이 계기가 돼《철학적 탐구》가 태어났다.

높은 목표를 향해 나아가는 과정에서 잠시라도 방심하면 다시 나태해진다. 자기 혁신은 단 한 번의 결단으로 끝나는 것이 아니라 끊임없이 자신을 새롭게 만들어 가는 과정이다. 변화는 지속적인 실천 없이는 불가능하다.

모두가 더 나은 삶을 꿈꾼다. 하지만 변화는 막연한 미래에 있지 않다. 변화는 먼 훗날 찾아오는 것이 아니라 바로 지금, 이 순간부터 시작되는 것이다. 그러니 어제와 다른 깊이로 사유하라. 익숙한 사고방식을 의심하라. 내가 옳다고 믿어 온 것들이 틀릴 수도 있다고 생각하고 다시 점검하라. 사소한 틈이라도 발견한다면 외면하지 말고, 그곳을 파고들어 철저히 탐구하라. 변화는 나 자신을 혁신하는 과정이며, 더 나은 삶을 향한 첫걸음이다.

당신은 삶을 바꾸기 전에
'나 자신'을 바꾸려고 노력하는가?

31

움직일 수 있다면
배움을 멈추지 마라

—

배움

"몸이 움직일 수 있을 때 배우기를 게을리하지 마라. 정신은 육체보다 훨씬 더 빨리 뻣뻣해지니까."

《비트겐슈타인과의 대화》

배움에는 때가 있다. 어떤 지식이든 생각과 마음이 유연해야 온전히 수용할 수 있다. 그러나 세월이 흐를수록 사고는 점차 굳어지고 익숙한 방식에 갇히기 쉽다. 새로운 것을 배우기보다 기존의 틀 안에서 해석하려는 습성이 강해지는 것이다. 그러면 배움은 더 이상 생동하는 과정이 아니라 관성적으로 쌓이는 정보에 불과해진다.

누구나 배움이 낯설고 어렵게 느껴지는 때가 찾아온다. 익숙한 사고방식에서 벗어나기를 주저하고 새로운 개념을 받아들이기보다 이미 알고 있는 것 안에서만 답을 찾으려 한다. 이런 순간들이 쌓이다 보면 정신은 점점 뻣뻣해지고 결국 학습을 멈추게 된다.

그래서 배움의 시기를 놓쳐서는 안 된다. 사고가 유연할 때, 열린 마음으로 세상을 새롭게 바라볼 수 있을 때 배움은 가장 깊은 곳까지 스며든다. 배우는 자만이 성장할 수 있고 성장하는 자만이 변화하는 세계 속에서도 중심을 잃지 않는다. 배움을 멈추지 않는 것이 삶을 끊임없이 새롭게 만드는 길이다.

태어나는 순간부터 죽는 순간까지
배움을 게을리하지 마라

비트겐슈타인은 오스트리아의 부유한 가정에서 태어나 자연스럽게 학문과 예술을 접했다. 그의 집에는 브람스, 슈트라우스, 말러 같은 예술가들이 자주 방문했으며, 형 파울은 세계적인 피아니스트로 성장했다.

그러나 제1차 세계 대전에 참전한 파울은 오른팔을 잃는 비극을 겪었다. 그럼에도 그는 연주를 포기하지 않았고, 모리스 라벨을 비롯한 여러 작곡가가 왼손만을 위한 곡을 작곡하면서 끝내 세계적인 무대에 섰다.

비트겐슈타인 또한 음악에 대한 깊은 열정을 품었다. 그의 철학 저작에는 음악에 빗댄 비유가 자주 등장할 정도다. 또한 수학과 과학에 대한 관심 역시 남달랐다.

그는 학문을 사고의 본질을 파고드는 과정으로 봤다. 1903년, 14세의 나이에 쇼펜하우어의 《의지와 표상으로서의 세계》, 헤르츠의 《역학 원론》, 바이닝거의 《성과 성격》, 그리고 볼츠만의 《대중적 저술들》을 읽으며 깊이 있는 사유를 시작했다. 보통의 청소년들이 책을 흥미 위주로 소비하는 것과 달리, 그는 철학적·과학적 개념을 파고들며 사고를 확장했다.

그는 삶의 마지막 순간까지도 배움을 놓지 않았다. 1949년, 전립선암 진단을 받았지만 사유를 멈추지 않았다. 그해 그는 《철학적 탐구》 2부의 최종 원고를 구술하며 끝까지 사고하는 삶을 실천했다. 병든 몸에도 불구하고 세계를 이해하려는 노력을 지속했다.

1951년 4월 27일, 그는 《확실성에 관하여》의 마지막 부분을 쓰고 다음 날 의식을 잃었다. 그리고 이틀 뒤 4월 29일, 생을 마감했다. 그는 삶의 끝에서도 여전히 철학을 놓지 않았으며 사고하는 것 자체가 그의 존재 방식이었다.

배움은 사고를
유연하게 만든다

비트겐슈타인은 철학을 삶의 방식으로 여겼다. 그는 《문화와 가치》에서 이렇게 말했다.

"지혜나 지식만으로는 삶을 온전히 채울 수 없다. 완성된 지식은 차갑고, 머물러 있는 지혜는 생명을 잃는다. 우리의 삶을 변화시키는 것은 그런 차가운 것이 아니라, 내면에서 뜨겁게 끓어오르는 정열이다."

비트겐슈타인은 배움이 단순한 정보 습득에 그쳐서는 안 된다고 봤다. 배움은 삶을 변화시키는 힘이 돼야 하며, 머리로만 쌓이는 것이 아니라 실천을 통해 몸과 정신에 새겨져야 한다고 믿었다. 지식이 아무리 많아도 그것이 차가운 논리로만 남아 있다면 삶에 아무런 변화를 일으키지 못한다. 그런 지식은 죽은 개념에 불과하다. 그는 특히 언어의 힘과 표현의 중요성을 강조했다. 《논고》에는 이런 내용이 있다.

"내가 전한 말이 상대에게 제대로 닿지 않는다면, 그저 반복할 것이 아니라, 어떻게 표현해야 할지 깊이 고민해야 한다."

그에게 배움은 사고를 명확하게 다듬고 표현을 통해 이해를 깊게 하는 과정이었다. 어떤 개념을 온전히 이해하지 못하면 그것을 표현하는 데도 한계를 느끼게 된다. 배움은 끊임없이 사유하고, 새로운 방식으로 표현하며, 타인과 공유하는 과정에서 완성된다. 배우려는 의지가 있는 사람은 정체되지 않는다. 기존의 틀을 깨고 새로운 관점을 탐구하며 끊임없이 성장한다. 배움은 단순한 축적이 아니라, 새로운 나로 거듭나는 과정이다. 진정한 배움은 우리를 변화시키고, 세계를 보는 눈을 넓혀 준다. 비트겐슈타인은 제자 드루어리에게 이렇게 말했다.

"몸이 움직일 수 있을 때 배우기를 게을리하지 마라. 정신은 육체보다 훨씬 더 빨리 뻣뻣해지니까."

이는 단순한 학습에 대한 조언이 아니었다. 그가 강조한 것은 배우려는 태도, 사유하는 습관, 끊임없이 생각하는 자세였다. 정신은 나이가 들어서 멈추는 것이 아니라 사고하는 법을 잊을 때 멈춘다는 것을 알리는 조언이었다.

배움은 단순한 정보 소비가 아니다. 책을 읽고 강연을 듣고, 검색을 통해 답을 얻는 것은 시작에 불과하다. 중요한 것은 그것이 나의 사고를 자극하고, 새로운 관점을 열어 주며, 결국 나의 삶을 변화시키는가 하는 것이다.

마흔이 되면 '이 정도면 충분히 배웠다'는 생각이 들기 쉽다. 하지만 배움에는 끝이 없다. 오히려 삶의 경험이 쌓인 마흔이야말로 더 깊은 배움이 가능하다. 우리는 종종 '배우고 있다'는 착각에 빠진다. 정보를 찾아보고, 누군가 제공한 지식을 접하는 것만으로도 만족해 버린다. 그러나 단순히 보고, 듣고, 읽는 것만으로는 배움이라 할 수 없다. 진정한 배움은 외부에서 주어진 지식을 그대로 받아들이는 것이 아니라 그것을 끊임없이 의심하고 되새기며 자신의 경험과 연결하는 과정에서 이뤄진다. 그렇게 깨달음이 행동으로 이어질 때 비로소 살아 있는 배움이 된다.

배움을 멈추는 순간 사고도 멈춘다. 사고가 멈추는 순간 삶도 정체된다. 인간은 본래 생각하는 존재이며 사유를 통해 성장하고 변화한다. 그러므로 항상 생각하고, 질문하고, 탐구하라. 그리고 그 배움을 삶과 연결하라. 배움을 멈추지 않는 한 우리의 정신도 우리의 삶도 멈추지 않을 것이다.

진정으로 사유하고 있는가?
아니면 그저 정보를 소비하고 있을 뿐인가?

32

비틀거리다 쓰러져도
추스르고 일어나라

—

재기

"이 일로 인해 포기해서는 안 된다. 우리는 끊임없이 비틀거리고, 때로는 쓰러지기도 한다. 하지만 중요한 것은 그때마다 스스로를 추스르고 다시 일어서려는 노력이다. 그것이 내가 평생 걸어온 길이며, 앞으로도 계속해야 할 일이다."

《비트겐슈타인과의 대화》

삶은 기대대로만 흘러가지 않는다. 애써 쌓아 올린 것이 하루 아침에 무너지기도, 원치 않는 길을 억지로 걸어야 하기도 한다. 좌절은 누구에게나 찾아온다. 그러나 어떤 이는 좌절 속에 머물고, 어떤 이는 상처를 안고도 다시 한 발을 내디딘다. 삶의 차이는 여기서 갈린다.

누구도 완벽하게 걷지 않는다. 우리는 모두 비틀거리며 살아간다. 중요한 것은 넘어졌을 때 스스로를 추스르고 다시 일어나는 힘이다. 쓰러졌다면 숨을 고르고, 다시 한 걸음 내디뎌야 한다. 이 반복 속에서 우리는 더 단단해지고 더 나은 길을 만들어 간다.

비트겐슈타인은 처음엔 논리로 세상의 문제를 풀어내려고 했다. 그는 이런 생각을 《논고》에 담아냈다. 이 책으로 그는 천재성을 인정받았다. 그러나 곧 스스로 한계를 느끼고 철학을 떠나 교사·정원사·병원 노동자로 살며 방황했다. 그는 어디에서도 오래 머물지 못했다. 늘 자신이 있는 곳에서 도망치고 싶어 했고 삶과 철학 사이에서 흔들렸다.

그럼에도 그는 다시 철학으로 돌아와 사유를 이어 갔다. 한계를 인정하면서도 사유를 멈추지 않았고 넘어졌다가도 다시 일어섰다. 이런 태도는 그의 삶 자체가 "비틀거리더라도 스스로를 추스르며 나아가는 과정"임을 증명한다. 제자 드루어리가 병원에서 난폭한 환자로 인해 힘들어할 때 비트겐슈타인은 이렇게 조언했다.

"이 일로 인해 포기해서는 안 된다. 우리는 끊임없이 비틀거리고, 때로는 쓰러지기도 한다. 하지만 중요한 것은 그때마다 스스로를 추스르고 다시 일어서려는 노력이다. 그것이 내가 평생 걸어온 길이며, 앞으로도 계속해야 할 일이다."

드루어리는 케임브리지대학교에서 비트겐슈타인에게 철학을 배웠다. 이후에는 정신과 의사가 돼 그의 철학을 의료 현장에서 실천하려 했다. 드루어리는 졸업한 후에도 그와 지속적으로 교류했다.

비트겐슈타인은 언어의 논리를 탐구했지만 동시에 우리가 어떻게 살아야 하는지 고민했다. 그의 일기와 편지에는 끊임없는 자기 성찰과 자기 극복의 흔적이 남아 있다. 그는 좌절 속에서도 다시 일어나는 법을 알고 있었다. 그래서 삶이 흔들릴 때마다 피하지 않고 정면으로 마주하며 더 나은 방향을 찾아 나갔다.

1915년 2월 20일, 전쟁 중에 그는 이렇게 기록했다.

"비겁한 생각과 우유부단함, 두려움에 휩싸인 불안과 한탄으로는 불행을 극복할 수도, 스스로를 자유롭게 할 수도 없다!"

그에게 비겁함이란 두려움에 지배당하는 것이었다. 끝없는 방황과 흔들림 속에서도 다시 중심을 잡아가는 과정. 그것이 그가 온 생애를 통해 우리에게 보여 준 철학이다.

사유하는 한
삶은 멈추지 않는다

비트겐슈타인의 삶은 끊임없는 방황과 흔들림의 연속이었다. 그는 존재 자체에 대해 깊이 고민한 철학자였다. 고민은 늘 삶의 의미를 붙잡으려는 치열한 노력으로 이어졌다. 때로는 극단적인 절망 속에서도 자신을 추스러야 했다. 형제 중 세 명이 스스로 목숨을 끊었고, 그 자신도 평생 우울과 자살 충동에 시달렸다. 전쟁터에 나가서는 항상 죽음과 직면해야 했다. 전선의 참혹함은 그의 정신을 고통으로 몰아넣었다. 그러나 그런 절망 속에서도 그는 사유의 끈을 놓지 않았다. 오히려 죽음의 위협이 그를 더욱 삶의 본질로 이끌었다. 특히 그가 간절히 붙잡고자 했던 것은 내면의 고결함이었다. 1914년 11월 7일, 친구이자 시인이었던 게오르크 트라클이 세상을 떠난 후 그는 이렇게 적었다.

"고결한 이들이 그립다. 나는 여기서 저속함에 둘러싸여 있다. 그러나 내 정신만은 흔들리지 않고, 내 안에 온전히 머물기를 바란다."

이는 주변 환경이 아무리 타락하고 비참해도 정신의 고결함만은 지켜 내야 한다는 비트겐슈타인의 확신을 잘 보여 준다. 이는 삶이 무너져도 다시 일어서게 만드는 원동력이었다. 그러나 삶은 그의 의지대로 흘러가지 않았다. 전쟁터의 참상, 일상에서의 막막함, 그리고 철학적 탐구의 어려움 속에서 그는 종종 무력감에 빠졌다. 그럼에도 멈추지 않았던 원동력은 바로 '생각하는 힘'이었다. 1915년 1월 13일 일기는 이를 분명히 보여 준다.

"내 생각은 지쳐 있다. 모든 것을 신선한 시각으로 바라보지 못한 채, 생기를 잃고 습관처럼 바라볼 뿐이다. 마치 불길이 꺼져 버린 듯, 다시 타오를 순간을 기다려야 하는 상태다. 그러나 내 정신은 아직 살아 있다. 나는 여전히 사유한다."

비트겐슈타인은 고통과 회의 속에서도 형제들처럼 삶을 포기하지 않았다. 삶의 불씨가 완전히 사그라지지 않았음을 알고 다시 타오를 때까지 기다리기로 결심했다. 그 기다림의 시간을 버티게 해준 것이 바로 철학적 사유였다. 절망이 그를 덮칠 때마다 그는 다시 질문하고 스스로 답을 모색했다. 그것이 곧 그의 삶을 지탱하는 방법이었다. 그의 메시지는 분명하다. 삶은 언제든 무너질 수 있고, 절망은 피할 수 없는 순간에 찾아올지 모른다. 그러나 그 순간에도 사유의 힘을 놓지 않는다면 다시 일어설 수 있는 가능성이 남아 있다. 죽음과 절망을 수없이 목격하면서도 '생각하기'를 포기하지 않았던 그의 태도는 우리에게 삶을 붙드는 한 가닥 희망으로 다가온다.

우리는 보통 성공을 이룬 사람들을 보고 그들이 흔들림 없이

고통과 시련을 견뎌 내면
언젠가는 빛을 보게 된다.

살아온 것처럼 착각한다. 하지만 누구나 삶에서 비틀거린다. 탄탄대로를 걷는 것처럼 보이는 사람의 길 위에는 넘어지고 부딪힌 흔적이 고스란히 남아 있다. 그들 역시 숱한 좌절과 실패를 겪었지만 다시 일어서는 힘을 잃지 않았을 뿐이다.

비트겐슈타인 역시 철학자로서 명성을 얻었음에도 끊임없이 삶에서 흔들렸다. 그는 스스로 한계를 인정하고 한동안 철학을 떠났고, 교사로 일할 때는 아이들을 다루는 데 어려움을 겪었다. 정원사나 병원 노동자로 전업을 시도하기도 했지만 끝내 정착하지 못했다. 그럼에도 그는 쓰러질 때마다 다시 일어섰으며 결국 철학의 길로 되돌아와 사유의 힘을 다시 증명했다.

그가 위대한 이유는 자신의 부족함을 솔직하게 받아들이고 늘 새로워지려 애쓰고, 사유를 통해 방향을 모색했다는 점이다. 그는 실패를 두려워하거나 부끄러워하기보다 그 속에서 교훈을 찾고 자신을 단련했다. 넘어짐을 삶의 일부로 인정하고 '다시 어떻게 일어설 것인가?'를 진지하게 고민했다. 비틀거릴 수밖에 없는 삶에서 우리는 어떻게 다시 나아갈 수 있을까?

넘어져도 다시 일어서는 마음가짐이란

첫째, 실패를 삶의 일부로 받아들여라.

실패가 있다는 것은 그만큼 도전이 있었다는 뜻이다. 도전이 없다면 실패도 없다. 결국 실패를 경험한다는 것은 앞으로 나아갈 준비가 됐다는 증거다. 실패를 부정하거나 숨기려 하기보다 그 안에 담긴 배움의 기회를 놓치지 마라. 그렇게 실패를 성장의 일부로 삼는다면 언젠가는 내 삶도 자연스럽게 빛을 발하게 된다.

둘째, 감정에 휩쓸리지 말고, 생각하라.

삶에서 가장 어렵고 힘든 순간은 감정에 잠식돼 이성을 잃을 때다. 비트겐슈타인은 절망이 닥쳐와도 "내 정신은 아직 살아 있다. 나는 여전히 사유한다"라고 말했다. 끊임없이 사유한다는 것은 감정의 소용돌이에서 벗어나 객관적으로 현실을 바라보는 힘을 기르는 일이다. 감정은 필요하지만 감정에 완전히 매몰되면 해결책이 보이지 않는다. 머릿속에서 다시 한번 차분히 정리하라. 감정이 지나간 후에야 잡힐 길이 분명히 존재한다.

셋째, 완벽 대신 성장을 목표로 하라.

완벽을 목표로 삼으면 작은 실패에도 지나치게 좌절하고 스스로를 책망하게 된다. 하지만 '조금 더 나아지는 것'을 목표로 삼으면, 실패 또한 과정의 일부로 받아들이기 쉬워진다. 비트겐슈타인도 완벽과는 거리가 먼 삶을 살았다. 그럼에도 그는 끊임없이 더 나은 사유와 더 나은 삶을 추구했다. 완벽함 대신 성장에 집중하다 보면 오히려 더 많은 가능성을 만날 수 있다.

삶에서 중요한 것은 한 번도 흔들리지 않는 완벽함이 아니다. 오히려 넘어지더라도 다시 중심을 잡고 일어나는 태도다. 비트겐슈타인은 수많은 실패와 좌절을 겪으면서도 사유를 포기하지 않았다. 그에게 철학은 단순한 학문적 탐구가 아니라 삶의 무게를 감당하고 극복하게 해 주는 내면의 버팀목이었다.

우리도 마찬가지다. 삶이 때론 우리를 모질게 쓰러뜨린다 해도 다시 생각하고 나아가는 것까지 무너뜨릴 수는 없다. 그러니 기억하자. 사유하는 한 언제든 다시 일어설 수 있다는 사실을. 바닥을 치는 순간에도 사유를 놓지 않는다면, 비틀거릴지언정 결코 완전히 쓰러지지 않는다는 것을. 이것이 비트겐슈타인이 온 삶을 통해 보여 준 삶의 메시지다.

당신은 무너지고 쓰러질 때
무엇을 통해 다시 일어서는가?

33

행복을 위해 무엇을 해야 하는지는
이미 알고 있다

—

행복

"좋은 삶이란 어려운 법이다. 그러나 그만큼 아름답다."

〈1916년 3월 30일 일기〉

"어떻게 하면 행복할 수 있을까?"

이 질문에 선명한 답을 내리기는 쉽지 않다. 마흔이 되면 한때 바라던 것들을 이뤘음에도 문득 "이 행복이 과연 영원할까?" 하는 생각이 든다. 행복은 손에 쥐려 할수록 빠져나가는 물처럼 느껴진다. 편안함, 만족, 즐거움으로 채워진 삶도 시간이 지나면 당연해지고, 새로운 갈망이 밀려온다. 결국 우리는 진짜 행복이 무엇인지 다시 묻게 된다. 우리가 진정으로 원하는 행복은 단순한 감정이 아니라 삶을 관통하는 깊은 충만감과 의미일 것이다. 그러나 의미 있는 삶을 산다는 것은 결코 쉬운 일이 아니다. 자신만의 길을 찾기 위해 끊임없이 고민해야 하고, 때로는 고통과 마주해야 하며, 세상의 기대와 충돌하는 순간도 겪어 내야 한다. 그 과정에서 우리는 혼란을 겪고, 실수를 반복하며, 좌절 속에서 방향을 잃기도 한다.

행복이란 단순히 고통을 피하는 것이 아니라 삶의 무게를 감당하면서도 그 안에서 빛나는 순간들을 발견하는 능력이다. 좋은 삶이란 쉽게 주어지는 것이 아니며 그 길은 종종 험난하고 복잡하다. 그러나 바로 그 어려움이 삶을 더 깊고 의미 있게 만든다. 우리는 어떻게 이 복잡하고 도전적인 삶 속에서 진정한 행복을 찾을 수 있을까?

비트겐슈타인이 말하는 행복의 조건

비트겐슈타인은 행복을 단순한 감정적 만족으로 보지 않았다. 행복은 삶을 대하는 태도와 깊이 연관돼 있으며 우리의 인식 방식에 따라 달라진다고 봤다. 그는 1916년 7월 29일 일기에서 이렇게 말했다.

"내가 확신할 수 있는 단 한 가지가 있다. 행복한 삶을 살아라. 행복한 사람의 세계는 불행한 사람의 세계와 전혀 다른 모습일 것이다."

비트겐슈타인에게 행복한 삶이란 세상을 바라보는 관점 자체가 변하는 일이었다. 같은 세상을 살더라도 어떤 사람은 불행 속에서 허우적대고 어떤 사람은 삶의 고통 속에서도 평온을 유지한다. 그 차이는 외부 환경이 아니라 삶을 대하는 태도에서 비롯된다. 그는 인간이 온갖 고뇌를 겪어야 하는 세계에서 어떻게 행복할 수 있는지를 고민했다. 1916년 8월 13일《논고》를 사유하는 과정에서 이런 글을 남겼다.

"만약 인간이 자신의 의지를 온전히 실현하지 못한 채 이 세상의 모든 고통을 견뎌야 한다면 과연 무엇이 그를 행복하게 만들 수 있을까? 세상의 고통을 완전히 없앨 수 없다면 우리는 어떻게 행복할 수 있을까?

그 해답은 '인식의 삶'에 있다. 진정한 행복은 선한 양심에서 비롯된다. 인식의 삶이란, 세상의 고통이 사라지지 않더라도 흔들리지 않는 내면을 갖춘 삶이다. 외적인 안락함에 의존하지 않고도 온전히 존재할 수 있을 때, 비로소 우리는 진정한 행복에 이를 수 있다."

비트겐슈타인에게 행복은 자신의 삶을 깊이 이해하고 받아들이는 과정에서 찾아왔다. 그는 세상이 주는 편안함이나 풍요로움에서 행복을 찾지 않았다. 오히려 세상의 안락함을 내려놓을 수 있을 때, 즉 외적인 조건이 아니라 내적인 태도를 통해서만 진정한 행복이 가능하다고 믿었다. 그는 자신의 철학을 실천하기 위해 귀족적 배경과 학문적 명성을 뒤로하고 소박한 삶을 선택했다. 교사로서 아이들을 가르치며 자신의 철학적 신념을 검증했고, 수도원의 노동자로 일하며 내면의 평온을 추구했다. 끊임없이 자신의 삶을 돌아봤고, 철학이 단순한 이론이 아니라 실천이 돼야 한다고 확신했다. 행복한 삶은 결국 우리가 세상을 어떻게 바라보느냐에 달려 있다. 삶을 어떻게 인식하는지가 행복을 결정한다. 삶의 어려움 속에서도 흔들리지 않는 태도를 기를 때 우리는 비로소 진정한 행복을 찾을 수 있다.

비트겐슈타인이 말하는
행복에 대한 태도

비트겐슈타인은 행복을 올바른 태도를 유지하는 데서 비롯된다고 믿었다. 삶이 쉽지 않다는 사실을 인정하면서도 그 안에서 최선을 다해야 한다. 또한 스스로를 도울 줄 알아야 한다고 생각했다. 그는 1916년 3월 30일 일기에서 이렇게 말했다.

"그저 최선을 다하라! 그것 이상을 바랄 수는 없다. 그리고 언제나 명랑함을 잃지 마라. 스스로에게 만족할 줄 알아야 한다. 타인은 결코 너를 영원히 지탱해 주지 못하며, 설령 한때 의지할 수 있다고 해도, 머지않아 그들에게서 멀어지게 될 것이다.

그러니 스스로를 돕고, 또 최선을 다해 타인을 도와라. 그러면서도 삶의 무게에 짓눌리지 않고, 밝고 유쾌한 태도를 유지하라. 하지만 자신을 위해 써야 할 힘과 타인을 위해 써야 할 힘의 균형은 어떻게 맞출 것인가? 좋은 삶이란 어려운 법이다. 그러나 그만큼 아름답다."

우리는 종종 외부의 인정과 보상을 바란다. 하지만 비트겐슈타인은 타인의 기대에 휘둘리지 않고 스스로를 도울 수 있어야 한다고 말했다. 그는 누구도 우리를 지속적으로 지탱해 주지 않으며 결국 자신의 삶은 스스로 책임져야 한다고 강조했다. 그렇다고 해서 냉소에 잠기거나 회의에 빠지지 않았다. 그는 오히려 명랑함을 유지하라고 조언했다.

그에게 있어 명랑함이란 억지로 밝은 척하는 태도가 아니었다. 삶의 어려움 속에서도 흔들리지 않고 자신의 역할을 다하며 긍정적인 태도를 유지하는 것이었다. 삶이 힘들고 고통스러울지라도 우리는 얼마든지 최선을 다하며 스스로를 돕고 또 다른 이들을 도울 수 있다. 하지만 중요한 것은 그 과정에서 자신을 잃지 않는 것이다. 그는 또한 우리가 행복한 삶을 살기 위해 무엇을 해야 하는지 이미 알고 있다고 지적했다. 1916년 8월 12일 일기에 그 의미를 이렇게 적었다.

"너는 이미 행복한 삶을 위해 무엇을 해야 하는지 알고 있다. 그런데도 왜 실천하지 않는가? 그것은 이성이 아닌 감정에 휩싸이기 때문이다. 나쁜 삶이란 결국 비이성적인 삶이다. 진정으로 좋은 삶을 원한다면, 순간의 감정에 휘둘리지 마라. 특히, 분노에 사로잡히지 않는 것이 무엇보다 중요하다."

분노는 우리를 망가뜨린다. 감정에 휩쓸리지 않고 이성을 지키는 것. 그것이 바로 우리가 좋은 삶을 유지하는 핵심이다.

좋은 삶은 쉽지 않다. 그러나 어렵기에 더욱 아름답다. 최선을 다하되 자신을 잃지 말 것. 타인을 도우면서도 스스로를 돌볼 것. 그리고 무엇보다도 명랑할 것. 이것이 비트겐슈타인이 말하는 행복을 대하는 태도다.

삶이 흔들릴 때, 세상이 나를 이해하지 못할 때, 그리고 모든 것이 버겁게 느껴질 때 철학이 필요하다. 철학은 삶을 관조하는 데서 끝나는 것이 아니라 삶을 견디고 나아가는 힘이 돼야 한다. 그리고 좋은 삶을 꿈꾼다면 철학을 사유하는 데서 그치지 말고 인생을 살아 내야 한다.

비트겐슈타인은 자신의 깨달음을 삶으로 증명했다. 그는 단 한 순간도 안주하지 않고, 타협하지 않았으며, 자신을 속이지 않았다. 우리 역시 매일 스스로에게 묻고, 점검하고, 변화해야 한다.

더 좋은 삶을 살고 싶은가? 그렇다면 주어진 삶을 피하지 말고 정면으로 마주하라. 자신의 결점을 합리화하지 말고 그것을 넘어서기 위해 노력하라. 타인의 시선에 휘둘리지 말고 내면의 목소리에 귀 기울여라. 그리고 무엇보다, 삶을 사랑하라.

삶은 어렵다. 어려운 만큼 아름답다. 좋은 삶은 고통을 감수하고도 그 안에서 빛나는 무언가를 발견하는 과정이다. 그렇기에 지금, 이 순간부터 삶을 철학 하라. 그리고 살아 내라.

당신은 좋은 삶을 위해
무엇을 포기하고 무엇을 붙들고 있는가?

34

두려움을 껴안고
나아가는 사람이 성장한다

—

용기

"존중받을 가치가 있는 것은 두려움 자체가 아니라 그것을 극복한 경험이다. 인생을 의미 있게 만드는 것도 바로 그 과정이다. 거대한 나무가 높이 뻗어 자라는 데 필요한 것은 타고난 재능도, 순간적인 영감도 아니다. 그것은 오직 용기다. 삶과 죽음의 갈림길에서 마주한 용기의 크기만큼, 우리는 더 높이 자랄 수 있다."

《문화와 가치》

우리는 두려움을 피하고 싶어 한다. 실패에 대한 두려움, 변화에 대한 두려움, 새로운 길을 향한 불확실성에 대한 두려움 등.

두려움에 휩싸이면 몸과 마음이 움츠러든다. 그러나 인간의 가치는 두려움을 넘어설 때 생성된다. 두려움을 극복하는 과정에서 성장하기 때문이다.

두려움은 피해야 할 것이 아니라 정면으로 마주해야 할 감정이다. 높은 나무가 자라기 위해 땅속 깊이 뿌리를 내리듯 삶도 용기라는 뿌리를 통해 더욱 단단해진다. 흔들리지 않는 존재가 되기 위해서는 두려움을 감당하는 힘이 필요하다.

그러나 용기란 두려움이 없는 상태가 아니다. 두려움을 느끼면서도 나아가는 태도다. 불안해도 자신의 길을 선택하고 그 길을 끝까지 걸어가는 힘이야말로 삶을 의미 있게 만든다. 결국 우리가 극복한 두려움만이 진정한 가치를 가진다.

용기 낸 사람이
얻는 것

비트겐슈타인은 삶에서 가장 중요한 것이 무엇인지 알고 있었다. 그것은 바로 두려움을 극복하는 과정이다. 그는 《문화와 가치》에서 이렇게 말했다.

"인생에서 가장 중요한 것은 두려움을 직면하고 극복하는 과정이다. 사소한 두려움조차 우리를 위축시키고, 삶의 가능성을 제한할 수 있다. 두려움에 지배당하지 말고, 그것을 뛰어넘어야 한다. 오직 용기를 키울 때, 우리는 비로소 삶을 온전히 살아갈 수 있다."

그는 두려움이 우리 삶을 제한하는 가장 큰 요소라고 봤다. 약간의 두려움만으로도 우리는 도전하지 못하고, 가능성을 스스로 차단하며, 결국 더 나은 삶을 포기하고 만다. 비트겐슈타인은 두려움을 극복하는 것이 단순한 용기의 문제가 아니라 삶을 온전히 살아가는 데 필수적인 과정임을 강조했다. 그는 자신의 나약함을 누구보다 잘 알고 있었다.

"나는 스스로를 용기 있는 사람이라 생각하지 않는다. 어쩌면 너보다도 더 부족할지 모른다. 하지만 오랜 싸움 끝에 용기를 내 무언가를 행동으로 옮기고 나면, 언제나 더 자유롭고 행복해진다는 것을 깨달았다."

비트겐슈타인은 두려움을 직시하고 극복하는 것이야말로 자유와 행복으로 가는 길임을 경험적으로 깨달았다. 그는 두려움을 극복하는 과정이 곧 인간을 성장시키는 과정이며 두려움을 극복하지 못하면 우리는 결코 삶을 온전히 살 수 없다고 봤다. 그의 인생은 극복의 연속이었다. 그는 아홉 살 때부터 우울증을 앓았다고 한다. 우울증은 그를 끊임없이 괴롭혔고 삶을 지속할

그 어떤 두려움도
우리는 용기를 통해 이겨 낼 수 있다.

이유를 찾지 못하게 만들었다. 그의 가족사 또한 불안과 두려움을 심화시켰다. 형제들 중 여러 명이 자살했고, 그 역시 평생 자살 충동과 싸우며 살았다.

그는 루트비히 볼츠만에게 물리학을 공부하려 했다. 볼츠만은 통계역학과 열역학의 발전에 중요한 기여를 한 인물이었다. 하지만 극심한 우울증에 시달리던 볼츠만은 휴가지에서 스스로 목숨을 끊었고, 볼츠만을 동경하던 비트겐슈타인은 그 충격으로 목표하던 빈대학교 물리학과를 포기하고 베를린공과대학교에 진학한다. 삶의 방향을 잃은 두려움 속에서 그는 방황했다. 하지만 《수학원리》를 읽고 케임브리지대학교로 가서 러셀을 만나 철학을 본격적으로 탐구하게 된다. 그는 늘 두려움을 극복하는 길을 택했다. 그는 《철학 종교 일기》에서 이렇게 말했다.

"나는 확신한다. 진정한 삶을 살고 싶다면, 두려움 없이 용기 있게 맞서고, 과감하게 나아가야 한다고."

비트겐슈타인은 자신이 옳다고 믿는 쪽으로 삶의 방향을 바꿨고 환경이 어떻게 변하든 자신을 적응해 나갔다. 하지만 그 과정이 항상 순탄했던 것은 아니다. 그는 제자 허트가 군 생활에 적응하지 못하자 이렇게 조언했다.

"네가 진정으로 잘하는 일을 찾아라. 너무나 능숙해서 자존심을 지키면서도 자연스럽게 해낼 수 있는 그런 일을. 더 나은 기회를 얻기 위해 가능한 모든 방법을 시도하는 것은 지혜로운 일이다. 하지만 그 모든 노력이 계속해서 실패한다면, 결국 불평하는 것조차 무의미해지는 순간이 찾아올 것이다. 그때는 현재의 현실을 받아들이고, 주어진 자리에서 최선을 다해야만 한다."

비트겐슈타인은 자신이 처한 상황을 인정하고 그것을 돌파하는 것이 중요하다고 봤다. 주어진 현실을 받아들이면서도 더 나은 방향으로 나아가기 위해 끊임없이 노력해야 한다는 것이다. 그는 한 번도 쉬운 길을 택하지 않았다. 오히려 불확실성을 두려워하지 않고 그 속에서 자신을 시험하고 성장시키려 했다. 그는 《문화와 가치》에서 이렇게 말했다.

"거대한 나무가 높이 뻗어 자라는 데 필요한 것은 타고난 재능도, 순간적인 영감도 아니다. 그것은 오직 용기다."

두려움을 극복하지 않는 한, 우리는 더 높은 곳으로 자라날 수 없다. 실패를 두려워하지 않고 불확실성을 피하지 않는 것이야말로 비트겐슈타인이 강조한 용기의 본질이다.

두려움을 넘어서
더 높은 곳으로

두려움은 언제나 우리 곁에 있다. 중요한 결정을 앞두고 새로운 길에 발을 들이려 할 때, 실패의 가능성을 떠올릴 때, 두려움은 조용히 다가와 속삭인다. "하지 않는 것이 더 안전하다"라고 말이다. 그러나 두려움을 피할수록 우리의 세계는 점점 더 좁아지고 삶의 가능성도 빈약해진다.

비트겐슈타인은 두려움 속에서도 멈추지 않았다. 그는 자신의 생각을 끝없이 의심하면서도 철학을 계속했고, 익숙한 환경을 버리고 새로운 길을 선택했다. 전쟁터에서도, 교실에서도, 수도원의 노동자로 일하며 고독을 견디는 순간에도 그는 용기를 냈다. 그에게 중요한 것은 두려움이 아니라, 그 두려움을 극복하고 나아가는 과정이었다. 우리 역시 같은 길 위에 서 있다. 두려움 앞에서 우리는 질문해야 한다.

"이 두려움을 넘어서면, 나는 어떤 사람이 될 것인가?"

두려움을 뛰어넘을 때, 우리는 성장한다. 한 걸음 나아갈 때마다 조금 더 단단해지고 조금 더 자유로워진다. 용기는 대단한 일을 해내는 것이 아니다. 때로는 그냥 포기하지 않고 계속 걸어가는 것, 두려움을 느끼면서도 한 발 내디디는 것이 용기다. 두려움이 찾아올 때, 그것을 나약함의 증거로 여기지 마라. 오히려 그것이 우리가 성장할 순간이라는 신호라고 받아들여라. 두려움을 느낀다는 것은 그만큼 의미 있는 길 앞에 서 있다는 뜻이다.

그러니 완벽을 기다리지 마라. 확신이 없다고 주저하지 마라. 두려움은 사라지지 않지만, 우리가 그것을 넘어설 때 삶은 더욱 깊어지고 확장된다. 어떤 길을 가든 두려움은 있다. 그 두려움이 나를 멈추게 할지, 나를 성장하게 할지는 오직 나의 선택에 달려 있다. 비트겐슈타인은 말했다.

"존중받을 가치가 있는 것은 두려움 자체가 아니라, 그것을 극복한 경험이다."

기억하라! 당신이 극복한 두려움만이 당신을 더 높은 곳으로 이끌어 준다는 것을.

어떤 두려움 앞에 서 있는가?
그 두려움을 넘어서면 어떤 삶을 살 수 있겠는가?

35

죽음이 두렵다면
불완전한 삶을 살고 있는 것이다

—

죽음

"나는 나의 죽음을 알 수 없으며, 그것을 막거나 대비할 수도 없다. 삶이란 본래 그런 것이다. 그렇다면 어떤 순간에도 온전히 존재하기 위해 나는 어떻게 살아야 하는가? 그것은 곧 선함과 아름다움 속에서 살아가는 것이다. 삶이 저절로 멈추는 그 순간까지."

〈1914년 10월 7일 일기〉

누구나 마지막 순간을 맞이할 때가 온다. 그날이 언제, 어떻게 올지는 알 수 없다. 하지만 단 하나 분명한 것은 삶이 유한하다는 사실이다. 죽음을 두려워하는 것은 자연스러운 감정이다. 삶이 멈추는 순간 우리는 더 이상 사랑할 수도, 배우거나 꿈꿀 수도 없다. 익숙한 세상과 작별을 고해야 하며, 그 뒤에 펼쳐질 미지의 세계를 겁낸다. 그래서 사람들은 죽음을 이야기하는 것 자체를 꺼리고, 가능한 한 멀리 미뤄 두려 한다. 죽음은 우리가 원하든 원하지 않든, 삶의 일부다. 하지만 사람들은 죽음을 의식하는 순간에야 비로소 삶을 진지하게 바라본다. 내일도 오늘과 같을 것이라는 안일한 믿음 속에서 하루하루를 흘려보내다 막상 끝이 보일 때에야 뒤늦게 묻곤 한다.

"나는 제대로 살고 있을까?"

이 질문을 너무 늦게 던진다면, 남는 것은 후회뿐이다. 그러기에 삶의 유한함이 주는 의미를 성찰해야 한다.

인생에 목숨을 걸 기회가 몇 번이나 있는가?

제1차 세계 대전이 발발했을 때, 비트겐슈타인은 기꺼이 전장으로 향했다. 단순히 애국심 때문이 아니었다. 죽음과 직접 마주하고 싶은 강한 욕망 때문이었다. 그는 비교적 안전한 위치인 관측병으로 배치됐지만 위험한 최전선으로 가길 원했다. 그가 전장에 있는 1916년 4월 15일 일기에는 이런 글이 있다.

"8일 후면 최전선에 가게 된다. 어려운 임무를 맡아 목숨을 걸 기회가 오기를 바란다."

죽음을 향한 각오는 단순한 자기 파괴적 충동이 아니었다. 비트겐슈타인은 죽음을 통해 삶의 본질을 더 깊이 깨닫고 싶었다. 그는 전장에서도 치열하게 사유했고, 극한의 상황에서 더욱 명확한 깨달음을 얻었다. 그는 1914년 10월 7일 일기에 다음과 같이 기록했다.

"나는 한 시간 후에 죽을 수도, 두 시간 후에 죽을 수도, 혹은 한 달 후나 몇 년 후에 죽을 수도 있다. 내 죽음의 순간을 알 수 없으며, 그것을 막거나 대비할 수도 없다. 삶이란 본래 그런 것이다."

비트겐슈타인인에게 죽음이란 두려워해야 할 대상이 아니라 피할 수 없는 삶의 일부였다. 그렇기에 그는 '지금 이 순간을 어떻게 살아야 할지' 더욱 고민했다. 그는 삶이 끝나는 순간까지도 "선함과 아름다움 속에서 살아야 한다"고 말했다.

전쟁이 끝난 후에도 그는 삶과 죽음에 대한 태도를 바꾸지 않았다. 물질적 풍요와 명성을 멀리하고 자신의 신념에 따라 단순한 삶을 살았다. 그는 한 번도 쉽게 살려 하지 않았고, 죽음을 마주하면서도 삶을 회피하지 않았다. 그는 40대 후반인 1937년 2월 19일에 이렇게 말한다.

"훌륭한 죽음을 맞이할 수 있도록, 삶을 온전히 살아가야 한다."

그에게 죽음은 끝이 아니었다. 삶을 더욱 진실하게 만드는 기준이었다. 좋은 삶이 곧 좋은 죽음을 만든다는 그의 철학은 사유가 아니라 온몸으로 실천한 자세였다.

죽음이 두렵지 않은
삶을 살아라

우리는 대부분 죽음을 두려워한다. 그러나 비트겐슈타인은 1916년 7월 8일 일기에서 이렇게 말했다.

"죽음을 두려워하는 것은 제대로 살아가지 못한 삶, 즉 불완전한 인생의 가장 분명한 증거다."

비트겐슈인은 왜 이렇게 말했을까? 그것은 우리가 죽음을 두려워하는 이유가 단순히 생명의 끝이 아니라, 후회 때문이라고 봤기 때문이다. 그는 철저히 자신의 신념에 따라 살았다. 불필요한 물질적 풍요를 거부했고, 명예도 바라지 않았다. 그는 본능적으로 '자신이 진정으로 원하는 삶'을 찾아 움직였다. 그렇게 산다면, 죽음을 두려워할 이유가 없다는 것이 그의 철학이었다. 그렇다고 그가 죽음을 가볍게 여긴 것은 아니었다. 그는 언제나 죽음이 가까이 있다는 것을 의식했고, 이에 대해 깊이 사유했다.

"자살은 언제나 비참한 선택임을 나는 안다. 인간은 스스로 자신의 파멸을 결정할 수 없으며, 자살을 진지하게 떠올려 본 사람이라면 누구나 그것이 결국 성급한 자기방어에 불과하다는 것을 깨닫게 된다."

그는 오랜 우울 속에서도 자살을 선택하지 않았다. 자살을 스스로에게서 도망치는 행위라고 봤기 때문이다. 그는 삶이 고통스럽더라도 그것을 받아들이고 견디는 것이야말로 철학적 태도라고 생각했다. 그는 60세에 전립선암을 진단받았다. 하지만 치료를 거부했다. 오히려 그는 이렇게 말했다.

"의사에게 전립선암 진단을 받았네. 정작 암에 걸렸다는 사실에는 조금도 놀라지 않았지만, 치료 방법이 있다는 말에는 오히려 당황스러웠네. 왜냐하면, 나는 더 이상 살고 싶지 않거든."

비트겐슈타인에게 죽음은 단순한 두려움이 아니라 자연스러운 과정이었다. 그는 자신의 생명이 다하는 순간을 받아들이며 마지막까지 철학자로서 살아갔다. 숨을 거두기 이틀 전까지 사유하며 글을 썼다. 그리고 62세로 세상을 떠났다. 그가 남긴 철학적 메시지는 단순하다. 죽음을 피할 수 없다면 후회 없는 삶을 살아야 한다는 것이다.

그는 죽음 앞에서도 흔들리지 않았다. 그가 초인적인 용기를 가졌기 때문이 아니라 후회 없이 삶을 살았기 때문이다. 그는 삶과 죽음이 하나의 흐름임을 이해했고, 삶을 깊이 들여다보는 사람만이 죽음을 담담히 맞이할 수 있다고 봤다. 죽음에 대한 두려움은 충실하지 못한 삶이 만들어 내는 감정이라고 본 것이다. 우리도 언젠가 마지막 순간을 맞이할 것이다. 언제 어떻게 다가올지 모르는 그날을 위해 우리가 할 수 있는 일은 단 하나, 지금을 온전히 살아가는 것이다.

더 나은 미래를 위해 현재를 미루며 사는 사람이 많다. 그러나 비트겐슈타인은 다른 관점에서 오늘을 살았다. 그는 1916년 7월 8일 일기에 이렇게 썼다.

"행복한 사람은 두려움을 품지 않는다. 죽음 앞에서도 마찬가지다. 오직 현재를 살아가는 자만이 행복할 수 있다. 현재를 온전히 살아가는 삶 속에서는 죽음조차도 의미를 잃는다. 행복하게 살기 위해서는 세계와 조화를 이뤄야 하며, 그것이 바로 '행복하다'는 말의 본질이다."

　마흔은 죽음과 가까운 나이는 아니다. 하지만 결코 먼 나이도 아니다. 삶의 중턱에 선 마흔은 어느 순간부터 '남은 시간'을 생각하게 된다. 그렇기에 더 늦기 전에 죽음을 삶의 일부로 받아들여야 한다. 죽음을 두려워하지 않는 삶이란 현재를 깊이 살아가는 삶이다. 과거의 후회에 얽매이거나 불확실한 미래를 걱정하며 시간을 흘려보내지 않는 것이다. 오직 지금 이 순간을 충실히 살아가며 삶과 세계가 조화를 이루도록 노력하는 것이다. 삶이 유한하다는 사실을 기억하라. 그러나 그 유한함을 두려워하지 마라. 대신 삶을 더욱 충실하게 만드는 원동력으로 삼아라. 오늘을 진실하게 살아가면 더 이상 죽음을 두려워하지 않을 수 있다. 죽음은 그저 삶이 유한하다는 증거일 뿐이다.

당신의 행복은
죽음 앞에서도 찬란히 빛나는가?

36

나는 지금 이 순간을
어떻게 살아갈 것인가?

—

삶의 의미

"나는 멋진 삶을 살았다고 전해 주시오!"

《비트겐슈타인의 추억》

삶의 끝에 다다르는 순간 과연 어떤 말을 남길 수 있을까? "후회 없이 살았다"라고 자신 있게 말할 수 있을까? 아니면 "다시 살수 있다면 다르게 살 텐데"라고 아쉬워할까?

모두가 의미 있게 살고 싶어 한다. 하지만 일상의 흐름에 휩쓸려 정작 자신의 삶을 살지 못하는 경우가 많다. 오늘도 해야 할 일에 떠밀려 보내고, 진정 원하는 것이 무엇인지 고민할 틈조차

없이 시간은 흘러간다. 그리고 삶이 끝을 향해갈 때야 비로소 묻는다.

"나는 정말로 나다운 삶을 살았는가?"

비트겐슈타인은 삶의 마지막 순간에 "나는 멋진 삶을 살았다고 전해 주시오"라는 말을 남겼다. 그에게 '멋진 삶'이란 타인의 기준이 아닌 자신만의 철학과 신념에 따라 살아간 삶을 의미했다. 삶의 의미는 주어지는 것이 아니라 스스로 만들어 가는 것이다. 우리가 남은 시간을 어떻게 채우느냐에 따라 마지막 순간의 한마디가 결정된다. 이제, 우리에게 주어진 이 시간을 어떻게 살아갈 것인가를 깊이 생각해야 한다.

삶의 의미는 성취의 크기가 아니라 과정에서의 태도에 있다

우리는 자주 '이렇게 살아야 한다'는 사회적 기준을 따라간다. 좋은 대학, 안정적인 직업, 타인의 인정, 사회적 성공까지. 그러나 이런 길이 과연 우리에게 삶의 의미를 어떻게 가져다줄지는 의문이다.

비트겐슈타인은 자신이 옳다고 믿는 길로 걸어가는 것이 진정한 삶이라고 봤다. 그는 부와 명예를 내려놓고 철학을 탐구하는 길을 택했다. 외롭고 고된 길이었지만, 그는 한순간도 자신의 선택을 후회하지 않았다. 늘 스스로에게 질문을 던졌기 때문이다.

"우리에게 주어진 가장 근본적인 질문은 무엇인가? 인간이 직면한 가장 중요한 문제는 무엇인가? 그것은 다름 아닌 '어떻게 살아갈 것인가'라는 물음이다. 인간의 삶은 따뜻한 안식처에 머물며 안락함을 누리는 것이 아니다. 한곳에 안주하지 않고 일어서야 하며, 걸음을 멈추지 않은 채 앞으로 나아가야 한다. 그리고 언젠가 반드시 마주하게 될 삶의 마지막 순간을 향해 나아가면서도, 바로 지금, 이 순간을 어떻게 살아갈 것인가를 고민해야 한다."

비트겐슈타인의 철학은 이 질문에 대한 끊임없는 탐구였다. 그는 삶을 온전히 자신의 것으로 만들기 위해 깊이 고민하고, 자신의 길을 개척하며 살았다.

사람들은 종종 삶의 의미를 '무엇을 이뤘는가'에서 찾으려 한다. 하지만 비트겐슈타인은 삶의 의미를 성취의 크기가 아니라 그 과정에서 우리가 어떤 태도를 가졌느냐에서 찾았다.

그는 대학을 떠나고, 전쟁터에 자원하고, 시골 학교에서 아이들을 가르치며 철저하게 자신이 옳다고 믿는 방식으로 삶을 꾸려 갔다. 그의 삶이 위대한 것은 철학자로서 이룬 업적 때문이 아니라, 자신이 선택한 삶을 끝까지 살아 냈기 때문이다.

"신을 믿는다는 것은 곧 삶의 의미에 대한 질문을 깊이 이해하는 것이다. 신을 믿는다는 것은 세상의 모든 사실만으로는 풀리지 않는 근본적인 문제가 여전히 남아 있음을 깨닫는 것이다. 신을 믿는다는 것은, 삶이 우연이 아니라, 그 안에 삶의 의미가 존재함을 보는 것이다"

삶의 의미는 외부에서 주어지는 것이 아니라 우리가 삶을 바라보는 방식으로 형성된다. 무엇이 이뤄졌느냐보다 어떤 태도로 하루하루를 살아가고 있느냐가 더 중요하다. 그는 이 점을 강조한 것이다. 삶의 마지막에 이르러 후회하는 사람들이 가장 많이 하는 말이 있다.

"좀 더 나답게 살걸."
"남의 눈치 보지 않고 내가 하고 싶은 걸 해 볼걸."
"언젠가가 아니라 지금 행동해야 했는데…."

우리는 영원히 살 것처럼 미루고, 중요하지 않은 것들에 시간을 빼앗긴다. 하지만 인생은 기다려 주지 않는다. 의미 있는 삶을 살기 위해서는 지금, 바로 이 순간부터 나다운 선택을 해야 한다.

비트겐슈타인은 이를 누구보다 깊이 이해했던 철학자였다. 그는 러셀, 케인스, 무어에게 보낸 편지에서 다음과 같은 기도를 남겼다.

"내가 더 깊이 사고할 수 있기를, 세상의 이치가 마침내 나에게 분명해지기를, 그렇지 않다면 시간을 연장하며 살아갈 필요가 없기를 신에게 기원합니다."

그는 지적으로 성장하지 못하고, 사물의 본질이 끝내 명확해지지 않는다면, 살아가는 것은 단순한 시간 연장에 불과하다고 생각했다. 그에게 중요한 것은 '얼마나 오래 사는가?'가 아니라, '어떤 깨달음 속에서 사는가?'였기 때문이다.

만약 지금이
내 삶의 끝이라면

삶이 언제 끝날지는 알 수 없다. 중요한 것은 끝을 받아들이는 우리의 태도다. 비트겐슈타인은 자신의 삶이 헛되지 않았음을 확신하며, 마지막 순간을 덤덤히 받아들였다.

"만약 지금이 내 삶의 끝이라면, 나는 스스로를 온전히 지키며 존엄한 죽음을 맞이하기를, 그리고 마지막 순간까지 나 자신을 잃지 않기를 바란다."

비트겐슈타인은 마지막까지 철학자로서, 사유하는 인간으로서 살았다. 그에게 삶이란 끊임없는 탐구와 자아를 지켜내는 과정이었다.

삶의 끝자락에서 자신을 찾아온 친구들에게 그는 말했다.

"나는 멋진 삶을 살았다고 전해 주시오!"

마흔이 된 우리는 어느새 인생의 중턱에 서 있다. 절반 가까이 걸어온 길 위에서 이제는 남은 시간이 '얼마나' 남았는가보다 그 시간을 '어떻게' 살아갈 것인가를 고민하게 된다. 건강하게 오래 사는 것만으로는 충분하지 않다. 얼마나 나답게 살았다고 말할 수 있는가에 초점을 맞춰야 한다. 어떤 순간에도 내 삶이 내 것임을 느낄 수 있다면, 그 자체로 삶의 목적은 이뤄진 것이다. 마흔에 필요한 것은 하나의 질문이다.

"나는 어떤 삶을 살고 싶은가?"

걸어온 길을 돌아보며
멋진 삶을 살았다고 말할 수 있어야 한다.

이 질문에 대한 진실한 답을 찾는 일, 그것이 지금 당장 시작해야 할 일이다. 그리고 언젠가 삶의 마지막 순간이 찾아왔을 때, 우리도 이렇게 말할 수 있어야 한다.

"모두에게 전해 주세요. 나는 멋진 삶을 살다 간다고."

삶의 마지막 순간에
멋진 삶을 살았다 말할 수 있겠는가?

참고 문헌

- 《논리-철학 논고》루트비히 비트겐슈타인 지음, 이영철 옮김, 책세상
- 《문화와 가치》루트비히 비트겐슈타인 지음, 이영철 옮김, 책세상
- 《반철학자 비트겐슈타인》알랭 바디우 지음, 방성훈 등 옮김, 사월의책
- 《비트겐슈타인》앤서니 케니 지음, 김보현 옮김, 철학과현실사
- 《비트겐슈타인》요하임 슐테 지음, 김현정 옮김, 인물과사상사
- 《비트겐슈타인과 삶의 의미》하영미 지음, 필로소픽
- 《비트겐슈타인과 세기말 빈》앨런 재닉, 스티븐 툴민 지음, 석기용 옮김, 필로소픽
- 《비트겐슈타인과 현대 철학의 언어적 전회》남경희 지음, 이화여자대학교출판부
- 《비트겐슈타인은 왜?》데이비드 에드먼즈 등 지음, 김태환 옮김, 웅진닷컴
- 《비트겐슈타인이 살아 있다면》이승종 지음, 문학과지성사
- 《비트겐슈타인 읽기》김이균 지음, 세창미디어
- 《비트겐슈타인의 말》루트비히 비트겐슈타인 지음, 시라토리 하루히코 편역, 박재현 옮김, 인벤션
- 《비트겐슈타인의 인생 노트》루트비히 비트겐슈타인 지음, 이윤 엮음, 필로소픽
- 《비트겐슈타인의 1930년대 일기》루트비히 비트겐슈타인 지음, 하상필 옮김, 필로소픽
- 《비트겐슈타인의 철학》이영철 지음, 책세상
- 《비트겐슈타인의 추억》노먼 맬컴 등 지음, 이윤 옮김, 필로소픽
- 《비트겐슈타인의 회상록》헤르미네 비트겐슈타인 등 지음, 러시 리스 엮음, 서민아 등 옮김, 필로소픽
- 《비트겐슈타인 철학일기》루트비히 비트겐슈타인 지음, 책세상
- 《비트겐슈타인 평전》레이 몽크 지음, 남기창 옮김, 필로소픽
- 《소품집》루트비히 비트겐슈타인 지음, 이영철 편역, 책세상
- 《심리 철학적 소견들 1》루트비히 비트겐슈타인 지음, 이기흥 옮김, 아카넷
- 《심리 철학적 소견들 2》루트비히 비트겐슈타인 지음, 이기흥 옮김, 아카넷
- 《전쟁일기》루트비히 비트겐슈타인 지음, 박술 옮김, 읻다
- 《철학의 뒷계단》빌헬름 바이셰델 지음, 안인희 옮김, 김영사
- 《철학적 탐구》루트비히 비트겐슈타인 지음, 이영철 옮김, 책세상
- 《청색 책·갈색 책》루트비히 비트겐슈타인 지음, 이영철 옮김, 책세상
- 《쪽지》루트비히 비트겐슈타인 지음, 이영철 옮김, 책세상
- 《틈을 내는 철학 책》황진규 지음, 철학흥신소
- 《하루 10분, 철학이 필요한 시간》, 위저쥔 지음, 박주은 옮김, 알레
- 《확실성에 관하여》루트비히 비트겐슈타인 지음, 이영철 옮김, 책세상

20세기 천재 철학자의 인생 수업

마흔에 읽는 비트겐슈타인

© 임재성 2025

1판 1쇄 2025년 5월 7일
1판 4쇄 2025년 6월 4일

지은이 임재성
펴낸이 유경민 노종한
책임편집 정현석
기획편집 유노북스 이현정 조혜진 권혜지 정현석 **유노라이프** 구혜진 **유노책주** 김세민 이지윤
기획마케팅 1팀 우현권 이상운 **2팀** 이선영 최예은 전예원 김민선
디자인 남다희 홍진기 허정수
기획관리 차은영
펴낸곳 유노콘텐츠그룹 주식회사
법인등록번호 110111-8138128
주소 서울시 마포구 월드컵로20길 5, 4층
전화 02-323-7763 **팩스** 02-323-7764 **이메일** info@uknowbooks.com

ISBN 979-11-7183-102-9 (03160)